PUBLICACIONES DEL INSTITUTO TEOLOGICO DE MURCIA

PEDRO MARTINEZ SASTRE, OFM.

LAS RELIGIOSAS EN EL NUEVO CODIGO DE DERECHO CANONICO

EDITORIAL ESPIGAS

MURCIA 1983

Nihil obstat

Antonio Puente, OFM.
Censor

Alicante, 9 de junio de 1983

Imprimi potest

Francisco Martínez Fresneda, OFM.
Ministro Provincial

Murcia, 29 de junio de 1983

Editorial «Espigas» - Dr. Fleming, 1 - Murcia-3
ISBN: 84-85888-03-0
Dep. Legal: MU-537-1983
Imprime: Tip. San Francisco - S. Nicolás, 31 - Murcia

PROLOGO

Con la reciente publicación del nuevo Código de Derecho Canónico hemos tenido otra oportunidad de gozarnos, al ver el interés que tiene la Iglesia de no estar ausente de la auténtica realidad del hombre. La necesidad de actualizarse, de acomodarse plenamente a la vida, de hablar el mismo lenguaje del hombre de hoy, de responder ahora a los planteamientos de vida que tienen los hijos del Pueblo de Dios, justifica todo el esfuerzo y estudio de los canonistas y especialistas del Derecho Canónico, durante estos últimos años.

Sobresale de una manera especial, en las páginas del nuevo Código, la doctrina del Concilio Vaticano II y constituye novedad la eclesiología conciliar. «Se podría afirmar que de aquí proviene también el carácter de complementariedad que el Código presenta en relación con la enseñanza del Concilio Vaticano II, con particular referencia a las dos Constituciones, dogmática, Lumen Gentium, y pastoral, Gaudium et Spes» (Juan Pablo II, C.A. «Sacrae Disciplinae Leges»). Del mismo modo, no es difícil descubrir el espíritu eminentemente pastoral, señalado como complementario, por el mismo Sumo Pontífice, al elemento eclesiológico.

Desde la óptica de organización social y visible, tiene necesidad la Iglesia de este elemento regulador de los deberes y derechos de los fieles, por el cauce de la «justicia basada en la caridad, garantizados y bien definidos los derechos de los individuos» (Juan Pablo II, a.c.).

La aportación que hace el P. Pedro de Fátima, ofm., será de un gran interés y utilidad para las religiosas, ya que pone en sus manos, de forma asequible, explicada, razonada, lo concerniente a la vida religiosa. No sólo garantiza el trabajo del P. Pedro de Fátima, su sólida formación canónica, sino también su amor y entrega a la Iglesia en el servicio a los pobres.

Así, pues, he aceptado, con mucho gusto, prologar este estudio del P. Pedro de Fátima, pensando en todas las personas que, por medio de él, tendrán la oportunidad de conocer el corazón de la Iglesia, su opción por el hombre, por la libertad, su interpretación de la autoridad como servicio..., desde el punto de vista del Derecho.

† *JAVIER AZAGRA LABIANO*
Obispo de Cartagena

PRESENTACION

De ninguna manera pretende ser este libro un Tratado de Derecho Canónico sino tan sólo un breve y práctico *Manual de Código de Derecho Canónico* para uso de las Religiosas. La actual legislación canónica, recientemente promulgada, si bien reducida en contenido con relación a la hasta ahora vigente, resulta todavía demasiado voluminosa (1.752 cánones), y una parte considerable de ella apenas concierne, directa ni indirectamente, a la vida y normativa de los institutos religiosos, sobre todo femeninos.

Hay infinidad de comunidades, principalmente de religiosas, que apenas tienen acceso a un conocimiento suficiente de la legislación canónica que les afecta, resultando el manejo del Código a veces un impedimento para ese conocimiento adecuado y, con frecuencia, necesario. Por ello, en el presente libro hemos recogido íntegramente todo lo referente a religiosos, dentro de la parte dedicada a los institutos de vida consagrada, exceptuados aquellos cánones que no dicen relación con los institutos religiosos femeninos de vida activa. Y del resto del Código, todos los cánones que de alguna manera pueden afectarles u ofrecerles un servicio inmediato. Queremos, sin embargo, reafirmar que nuestro trabajo no excluye de ningún modo el uso, la consulta y, en en general, el conocimiento del Código de Derecho Canónico completo, que debería tenerse en todas las comunidades. Esto habla principalmente con las Superioras y los Consejos. Expresamos aquí nuestra insinuación sobre la conveniencia de que cada instituto tenga, al menos, una religiosa especializada en Derecho Canónico, incluso con graduación universitaria.

Por esto y a fin de que, en casos extraordinarios, puedan más fácilmente remitirse al texto, hemos conservado los mismos epígrafes del *Codex* y en muchos de ellos, cuando la materia puede tocarles pero no es de aplicación inmediata, citamos entre paréntesis los cánones en que se contiene.

Precisamente porque no es un tratado de Derecho Canónico, hemos reducido los comentarios al mínimo y sólo en los casos en que el texto parecía exigir una aclaración o versión más comprensibles, manteniendo en principio el contenido íntegro de los cánones (siquiera se refiera a las religiosas sólo una parte de los mismos) según la versión oficial aprobada por la Conferencia Episcopal Española.

Aun cuando a lo largo del libro, para no forzar el texto literal del Código, se emplea la palabra «religioso», sin embargo todos los cánones aquí recogidos y teniendo en cuenta lo que se establece en el canon 606 («*Lo que se establece sobre los institutos de vida consagrada y sobre sus miembros vale con igual derecho para ambos sexos, a no ser que conste otra cosa por el contexto o por la naturaleza misma de la materia*») tienen no sólo su destinatario, sino también su aplicación a las religiosas y sus institutos. Asimismo, hemos incluido todos los cánones referentes a los fieles y a los laicos cristianos, que, por su naturaleza y con el mismo derecho, son aplicables a ellas.

Nos ha parecido, además, interesante y práctico añadir al final un capítulo anejo, donde se recogen todos aquellos contenidos que, por prescripción o concesión del Código, deben o pueden concretizarse o normativizarse en la legislación propia de cada instituto (constituciones generales, estatutos u ordenaciones). Materia ésta, por cierto, muy a tener en cuenta a la hora de revisar dicha legislación particular y adaptarla al nuevo Código para toda la Iglesia.

Esperamos que nuestro trabajo de síntesis y de sistematización del Derecho de los religiosos y para las religiosas pueda ofrecerles una ayuda valiosa y eficaz para el ejercicio de sus derechos y el cumplimiento de sus obligaciones, eclesiales y religiosas, y para, mediante ellos, alcanzar más plenamente los objetivos y el fin de su consagración.

De hecho, creemos que esto se está consiguiendo y ello explica que la primera edición de este libro se haya agotado en poco más de un mes. Al preparar la segunda edición, hemos querido ampliar nuestro servicio a las personas consagradas, incluyendo la normativa del Código a propósito de las *Sociedades de Vida Apostólica,* así como un apéndice con la legislación civil española vigente sobre bienes patrimoniales y exenciones fiscales.

Tanto para una mayor clarificación y ampliación de conocimientos como para una interpretación o aplicación casuales que necesitaren, les ofrecemos nuestro asesoramiento y ayuda desde el Instituto Teológico de Murcia.

El autor

Principio fundamental de toda la legislación canónica (c. 1752)

En las causas de traslado es de aplicación el can. 1747, guardando la equidad canónica y teniendo en cuenta la salvación de las almas, que debe ser siempre la ley suprema en la Iglesia.

Es el último canon del Código y, aunque referido al derecho procesal de la Iglesia, se expresa en él el espíritu que debe animar la legislación canónica y su aplicación: la «salus animarum» (salvación de las almas). En cuanto norma suprema de todo el Código no sólo no se opone ni excluye la configuración estructurada de la Iglesia por voluntad de Cristo, sino que la integra y consuma como parte esencial de su naturaleza y de su proyección escatológica.

LIBRO I - DE LAS NORMAS GENERALES

1. Derechos adquiridos y privilegios (c. 4)

Los derechos adquiridos, así como los privilegios hasta ahora concedidos por la Sede Apostólica, tanto a personas físicas como jurídicas, que estén en uso y no hayan sido revocados, permanecen intactos, a no ser que sean revocados expresamente por los cánones de este Código.

No es raro que una comunidad posea desde mucho tiempo ciertos derechos o goce de privilegios contrarios al Código recién promulgado.

«Derechos adquiridos», aquí, se refiere a aquellos derechos subjetivos otorgados a una persona física o jurídica a causa de un hecho jurídico concreto que se ha puesto en virtud de una ley anterior, de una costumbre o privilegio, por prescripción, etc. Y «privilegios» son concesiones favorables hechas por la autoridad competente a esas mismas personas contra o al margen del derecho. Respecto a estos últimos, para que se les aplique este canon deben haber sido concedidos por la Sede Apostólica mediante una concesión particular, porque si les fueron concedidos por *ley* general o particular quedan abrogados (cf. c. 6, 1-2).

Para que derechos y privilegios, a pesar del Código subsistan deben estar en uso y que no se revoquen expresamente por los cánones de este Código. El hecho de que permanezcan en vigor no se debe a la fuerza del Código anterior, que ya no existe, ni de la del actual, pues le son contrarios, sino de la ley general que se establece, precisamente, en este canon 4.

2. Las costumbres:

a) Las ahora vigentes (c. 5)

1. Las costumbres universales o particulares actualmente vigentes y contrarias a estos cánones quedan totalmente suprimidas si se reprueban en los cánones de este Código, y no se ha de permitir que revivan en el futuro; las otras quedan también suprimidas, a no ser que en el Código se establezca expresamente otra cosa, o bien sean centenarias o inmemoriales, las cuales también pueden tolerarse cuando, ponderadas las circunstancias de los lugares y de las personas, juzga el Ordinario que no es posible suprimirlas.

2. Consérvense las costumbres extralegales, tanto universales como particulares, que estén actualmente vigentes.

Costumbre es un derecho no escrito que se ha ido introduciendo en una comunidad eclesiástica por un repetido modo de actuar, confirmado o tolerado por el superior competente.

Son frecuentes en los institutos y comunidades religiosas la existencia de costumbres, a veces inveteradas e inmemoriales. Al promulgarse el nuevo Código, todas esas costumbres merecen una revisión, que deberán realizar los Capítulos generales o locales. Las normas que deben regir esta revisión son las siguientes:

1.° Costumbres contrarias al derecho:

— si están expresamente reprobadas por el Código, quedan suprimidas y no podrán revivir en el futuro;

— si no se reprueban expresamente, se suprimen también a no ser que el Código establezca otra cosa o se trate de costumbres centenarias o inmemoriales.

Si, a juicio del Ordinario y atendidas las circunstancias, no pueden suprimirse, se pueden tolerar.

2.° Las costumbres extralegales ahora vigentes pueden conservarse.

b) **Norma general** (c. 27)

La costumbre es el mejor intérprete de las leyes.

Cuando se introducen costumbres de acuerdo con la ley y para su mejor cumplimiento, si reúnen las condiciones exigidas por el derecho, tienen la misma fuerza que la ley escrita, y surten los mismos efectos morales.

c) **Cuándo tienen fuerza de ley** (c. 23)

Tiene fuerza de ley tan sólo aquella costumbre que, introducida por una comunidad de fieles, haya sido aprobada por el legislador, conforme a los cánones que siguen.

Se trata en éste y en los cánones siguientes de la introducción de nuevas costumbres.

El superior competente para dar fuerza de ley a una costumbre es el mismo que hubiera tenido potestad de dar la ley, si de ley se tratara. Entre las religiosas no existe tal potestad; para ellas el superior competente es, además de la Santa Sede, el Ordinario del lugar.

d) **Condiciones** (cc. 24 y 25)

24 *1. Ninguna costumbre puede alcanzar fuerza de ley si es contraria al derecho divino.*

2. Tampoco puede alcanzar fuerza de ley una costumbre contra ley o extralegal si no es razonable; la cos-

tumbre expresamente reprobada por el derecho no es razonable.

25 *Ninguna costumbre puede alcanzar fuerza de ley sino aquella que es observada, con intención de introducir derecho; por una comunidad capaz, al menos, de ser sujeto pasivo de una ley.*

Para que una costumbre alcance fuerza de ley se requiere, pues:

1.° que no sea contraria al derecho divino;

2.° que esté de acuerdo con el derecho positivo;

3.° que no sea contra el derecho o extralegal, a menos que sea razonable («razonable» es la que no se reprueba expresamente por el derecho);

4.° que no esté reprobada por el derecho (no sería «razonable») (c. 24, 2);

5.° que se trate de una comunidad capaz de recibir leyes (tal es la comunidad religiosa) y que tenga intención de obligarse a ella.

e) **En especial, las que van contra el Derecho** (c. 26)

Exceptuado el caso de que haya sido especialmente aprobada por el legislador competente, la costumbre contra ley o extralegal sólo alcanza fuerza de ley si se ha observado legítimamente durante treinta años continuos y completos; pero, contra la ley canónica que contenga una cláusula por la que se prohibe futuras costumbres, sólo puede prevalecer una costumbre centenaria o inmemorial.

Para que una costumbre contra el vigente Código o ajena a él pueda prescribir se requieren una de estas dos condiciones:

1.ª que cuente con la aprobación especial del legislador competente (para las religiosas, la Santa Sede o el Ordinario del lugar); o

2.ª que estén practicándola legítimamente durante treinta años, al menos, continuos y completos.

Sin embargo, si la ley canónica prohibe futuras costumbres en contra, sólo prevalecerán las costumbres centenarias o inmemoriales.

f) **Revocación de las costumbres** (c. 28)

Quedando a salvo lo prescrito en el can. 5, la costumbre, tanto contra la ley como extralegal, se revoca

por costumbre o ley contrarias; pero a no ser que las cite expresamente, la ley no revoca las costumbres centenarias o inmemoriales, ni la ley universal revoca las costumbres particulares.

Las costumbres contra la ley y las extralegales desaparecen de tres modos:

1.° por revocación directa del superior competente;
2.° por una costumbre contraria;
3.° por una ley que sea incompatible con esa costumbre.

Sin embargo, por lo general, si no se menciona expresamente:

— la ley no revoca las costumbres centenarias o inmemoriales;
— ni la ley universal revoca la costumbre particular.

3. Dispensas:

a) Concepto. Quién puede otorgarla (c. 85)

La dispensa, o relajación de una ley meramente eclesiástica en un caso particular, puede ser concedida, dentro de los límites de su competencia, por quienes tienen potestad ejecutiva, así como por aquellos a los que compete explícita o implícitamente la potestad de dispensar, sea por propio derecho, sea por legítima delegación.

Las Superioras religiosas, como carecen de potestad ejecutiva, no pueden dispensar de ninguna ley universal o particular; sólo pueden dispensar de las leyes propias y dentro del ámbito de las constituciones.

b) Potestad del Obispo diocesano y del Ordinario del lugar (cc. 87, 1 y 88)

87 *1. El Obispo diocesano, siempre que, a su juicio, ello redunde en bien espiritual de los fieles, puede dispensar a éstos de las leyes disciplinares, tanto universales como particulares, promulgadas para su territorio o para sus súbditos por la autoridad suprema de la Iglesia; pero no de las leyes procesales o penales, ni de aquellas cuya dispensa se reserva especialmente a la Sede Apostólica o a otra autoridad.*

88 *El Ordinario del lugar puede dispensar de las leyes diocesanas y, cuando considere que es en bien de los fieles, de las leyes promulgadas por el Concilio regional o provincial, o por la Conferencia Episcopal.*

El Obispo diocesano, no el Ordinario del lugar, puede dispensar a las religiosas de todas las leyes disciplinares, universales o particulares, emanadas de la suprema autoridad eclesiástica, con las excepciones que se señalan en el canon 87, 1, bastando como justificación el bien espiritual de las mismas. Sólo en los casos excepcionales que se citan en el párrafo 2 del mismo canon puede el Ordinario del lugar (no sólo el Obispo) dispensarlas, el cual puede también hacerlo, y por las mismas causas, de las leyes diocesanas y de las emanadas de los otros organismos eclesiásticos regionales o nacionales (c. 88).

c) Potestad de los Ordinarios en casos extraordinarios (c. 87, 2)

Si es difícil recurrir a la Santa Sede y existe además peligro de grave daño en la demora, cualquier Ordinario puede dispensar de tales leyes, aunque la dispensa esté reservada a la Santa Sede, con tal de que se trate de una dispensa que ésta suela conceder en las mismas circunstancias, sin perjuicio de lo prescrito en el can. 291.

A las religiosas que dependen de un Ordinario religioso, puede también éste dispensarlas en el caso previsto en este canon.

d) Potestad de los otros ministros (c. 89)

El párroco y los demás presbíteros o los diáconos pueden dispensar de la ley universal y particular tan sólo si esta potestad les ha sido concedida expresamente.

El párroco puede, por ejemplo, dispensar a las religiosas, con justa causa y para cada caso, del precepto dominical y de los días penitenciales, imponiendo en su lugar alguna otra obra piadosa (c. 1245).

e) Necesidad de causa justa para dispensar (c. 90)

1. No se dispense de la ley eclesiástica sin causa justa y razonable, teniendo en cuenta las circunstancias del caso y la gravedad de la ley de la que se dispensa; de otro modo, la dispensa es ilícita, y si no ha sido concedida por el mismo legislador o por su superior, es también inválida.

2. Cuando hay duda sobre la suficiencia de la causa, la dispensa se concede válida y lícitamente.

f) Territorialidad de la dispensa (c. 91)

Quien tiene potestad de dispensar puede ejercerla respecto a sus súbditos, incluso cuando él se encuentra fuera del territorio, y aunque ellos estén ausentes del mismo; y si no se establece expresamente lo contrario, también respecto a los transeúntes que viven en ese momento en el territorio, y respecto a sí mismo.

Una religiosa que temporalmente se encuentra en otro lugar, por ejemplo, por motivo de salud, de vacaciones, atendiendo a sus padres, etc., puede ser dispensada por el Ordinario del lugar, respectivamente, por el párroco donde está enclavada la casa en la cual se encuentra.

g) Interpretación de las dispensas (c. 92)

Se ha de interpretar estrictamente, no sólo la dispensa, a tenor del can. 36, §1, sino también la misma potestad de dispensar concedida para un caso determinado.

4. Estatutos y ordenaciones:

a) Estatutos:

A) Concepto de estatutos (c. 94, 1)

Estatutos, en sentido propio, son las normas que se establecen a tenor del derecho en las corporaciones o en las fundaciones, por las que se determinan su fin, constitución, régimen y forma de actuar.

Los «estatutos» son normas jurídicas que dependen de la legislación general, dentro de la cual hay un grupo de personas o cosas que necesitan una mayor concreción en cuanto a sus obligaciones y derechos. Los reglamentos se refieren más bien a los detalles. Los estatutos dan la configuración del grupo; el reglamento concretiza.

B) **Sujeto de los mismos** (c. 94, 2)

Los estatutos de una corporación obligan sólo a las personas que son miembros legítimos de ella; los estatutos de una fundación, a quienes cuidan de su gobierno.

b) **Reglamentos:**

A) **Concepto** (c. 95, 1)

Los reglamentos son reglas o normas que se han de observar en las reuniones de personas, tanto convocadas por la autoridad eclesiástica como libremente promovidas por los fieles, así como también en otras celebraciones; en ellas se determina lo referente a su constitución, régimen y procedimiento.

Los «reglamentos» son para reuniones o celebraciones ordenadas por la autoridad o que deben celebrarse porque así lo ordenan los estatutos. En ellos se establece cuanto se refiere a la constitución, régimen, procedimiento, orden del día, etc.

B) **Reglas de procedimiento** (c. 95, 2)

En las reuniones o celebraciones, esas reglas de procedimiento obligan a quienes toman parte en ellas.

5. **Personas físicas y jurídicas**

A) **Personas físicas** (cc. 96-112):

1. Quién se considera «persona» en la Iglesia (c. 96)

Por el bautismo, el hombre se incorpora a la Iglesia de Cristo y se constituye persona en ella, con los deberes y derechos que son propios de los cristianos, teniendo en cuenta la condición de cada uno, en cuanto estén en la comunión eclesiástica y no lo impida una sanción legítimamente impuesta.

Persona, jurídicamente hablando, es todo ser capaz de obligaciones y derechos; en la iglesia: todo sujeto capaz de derechos y obligaciones eclesiásticas.

Por el Bautismo el hombre adquiere derecho de ciudadanía en la Iglesia. Esta afirmación, definida repetidas veces por la Iglesia, constituye un cimiento sólido, no sólo para la teología, sino también para el derecho. El bautismo produce la gracia y el carácter sacramental; sólo éste es el que origina la adscripción a la Iglesia. La personalidad en la Iglesia es independiente del estado de gracia del sujeto. Sólo impide la posesión de esa personalidad la falta de comunión con la Iglesia (apostasía, cisma, herejía) o una sanción canónica legítimamente infringida por la autoridad eclesiástica.

La expresión del canon 96 tiene, pues, un sentido absoluto en cuanto significa que todos los bautizados son «personas»; y además debe entenderse en forma exclusiva ya que solamente los bautizados gozan de la ciudadanía cristiana.

2. Quiénes son mayores de edad (c. 97, 1)

La persona que ha cumplido dieciocho años es mayor; antes de esa edad, es menor.

3. Domicilio de los religiosos (c. 103)

Los miembros de institutos de religiosos y de sociedades de vida apostólica adquieren domicilio allí donde está la casa a la que pertenecen; y cuasidomicilio, en el lugar de la casa donde residan a tenor del can. 102, § 2.

Domicilio es el lugar de residencia permanente, y una religiosa lo adquiere —a nivel diocesano y parroquial— cuando es destinada a una casa con ánimo de permanecer allí por tiempo ilimitado, o cuando, de hecho, lleva allí habitando cinco años.

Tiene *cuasidomicilio* cuando reside en una casa con el ánimo de permanecer en ella, al menos, tres meses o, de hecho, permanece allí tres meses (c. 102, 1 y 2).

En la anterior legislación no estaba claro si las religiosas podían o no adquirir domicilio y cuasidomicilio, pues se dudaba si eran capaces de «tener voluntad propia» para decidir su permanencia en un lugar. En el actual Código se establece claramente que pueden adquirirlos a todos los efectos.

B) **Personas jurídicas** (cc. 113-123):

1. Cómo se constituye una persona jurídica (c. 114)

1. Se constituyen personas jurídicas, o por la misma prescripción del derecho o por especial concesión de la autoridad competente dada mediante decreto, los conjuntos de personas (corporaciones) o de cosas (fundaciones) ordenados a un fin congruente con la misión de la Iglesia que trasciende el fin de los individuos.

2. Los fines a que hace referencia el § 1 se entiende que son aquellos que corresponden a obras de piedad, apostolado o caridad, tanto espiritual como temporal.

3. La autoridad competente de la Iglesia no confiera personalidad jurídica sino a aquellas corporaciones o fundaciones que persigan un fin verdaderamente útil y que, ponderadas todas las circunstancias, dispongan de medios que se prevé que pueden ser suficientes para alcanzar el fin que se proponen.

Existen en la Iglesia, además de las personas físicas, las personas jurídicas, que son igualmente sujetos de obligaciones y derechos. Pueden estar o no compuestas de personas físicas; en el primer caso, la persona jurídica (en cuanto sujeto) es independiente de las personas físicas que la integran, v.g.: una comunidad religiosa, una provincia, una asociación, una fundación piadosa, etc. (cf. c. 113, 2).

2. Persona jurídica colegial y no colegial (c. 115)

1. En la Iglesia las personas jurídicas son o corporaciones o fundaciones.

2. La corporación, para cuya constitucion se requieren al menos tres personas, es colegial si su actividad es determinada por los miembros, que con o sin igualdad de derechos participan en las decisiones, a tenor del derecho y de los estatutos; en caso contrario, es no colegial.

3. La persona jurídica patrimonial o fundación autónoma consta de unos bienes o cosas, espirituales o materiales, y es dirigida, según la norma del derecho y de los estatutos, por una o varias personas físicas, o por un colegio.

Las personas jurídicas pueden ser colegiales o no. Los institutos religiosos, sus provincias y casas son colegiales, y en ellas las decisiones se toman con la concurrencia de sus miembros a tenor de los propios estatutos.

3. Persona jurídica pública y privada (c. 116)

1. Son personas jurídicas públicas las corporaciones y fundaciones constituidas por la autoridad eclesiástica competente para que, dentro de los límites que se les señalan, cumplan en nombre de la iglesia, a tenor de las prescripciones del derecho, la misión que se les confía mirando al bien público; las demás personas jurídicas son privadas.

2. Las personas jurídicas públicas adquieren esta personalidad, bien en virtud del mismo derecho, bien por decreto especial de la autoridad competente que se la conceda expresamente; las personas jurídicas privadas obtienen esta personalidad sólo mediante decreto especial de la autoridad competente que se la conceda expresamente.

En sentido estricto, las personas jurídicas pueden ser públicas o privadas. Tienen que ser reconocidas por la Iglesia, y sus estatutos deben también ser aprobados por ella.

Las públicas actúan en nombre de la Iglesia, es decir, es la Iglesia la que les da la capacidad de actuar en su nombre. Las privadas, por el contrario, actúan sólo en virtud de su propia función.

Existen, además, en la Iglesia, otras entidades, por ejemplo algunas asociaciones, a quienes la Iglesia no les ha dado la personalidad jurídica. En estos casos, la autoridad eclesiástica no tiene competencia en ellas sino solamente vigilar para que, dada su finalidad espiritual o religiosa, no se realice en ellas nada que sea contra el derecho divino o eclesiástico.

Los institutos religiosos, sus provincias y casas son personas jurídicas eclesiásticas públicas con plena capacidad jurídica a tenor del derecho. Y ello habrá que tenerlo en cuenta cada vez que se mencione la personalidad jurídica en todo el Código. Lo son por derecho pontificio o diocesano según la autoridad que se lo otorgue. La personalidad jurídica se les da en el decreto mismo de constitución o posteriormente. A veces, en los institutos de derecho diocesano, no se les da hasta pasado algún tiempo o cuando obtienen de la Santa Sede el «decretum laudis».

En cuanto a la personalidad jurídica en la legislación civil española, véase el Capítulo anejo III, pág. 171.

Las personas jurídicas poseen el domicilio allí donde están legítimamente erigidas. Algunas podrían tener dos domicilios, por ejemplo, si una provincia religiosa tiene su sede a efectos jurídicos en dos lugares distintos.

4. Extinción de la persona jurídica (c. 120)

1. Toda persona jurídica es, por naturaleza, perpetua; sin embargo, se extingue si es legítimamente suprimida por la autoridad competente o si ha cesado su actividad por espacio de cien años; la persona jurídica privada se extingue además cuando la propia asociación queda disuelta conforme a sus estatutos, o si, a juicio de la autoridad competente, la misma fundación ha dejado de existir según sus estatutos.

2. Cuando queda un solo miembro de la persona jurídica colegiada y, según sus estatutos, la corporación no ha dejado de existir, compete a ese miembro el ejercicio de todos los derechos de la corporación.

6. **Potestad de régimen** (cc. 129-144):

Pueden los religiosos participar de ella (c. 129, 2)

En el ejercicio de dicha potestad, los fieles laicos pueden cooperar a tenor del derecho.

En la Iglesia existe por voluntad de Cristo, además del Orden, la potestad que aquí se llama de «régimen» en virtud de la cual el Señor confió a los apóstoles y a sus sucesores el oficio de enseñar, de santificar y de gobernar a su pueblo. La constitución conciliar *Lumen gentium* en su capítulo III explica detalladamente el origen, la naturaleza y el sujeto de esta potestad.

De ningún modo puede admitirse una potestad de régimen laical, que parecería desprenderse del canon 228; sólo existe una única potestad de régimen eclesiástica, aneja a la potestad de Orden, como aparece claramente en los cánones 129, 1 y 274. Sin embargo, el Código ha resuelto una cuestión muy discutida desde hace siglos sobre la participación de los laicos (por lo tanto, también de las religiosas) en esta potestad. El canon 129, 2, ha tomado una opción bien clara y en él se afirma categóricamente que los no ordenados, pueden cooperar en su ejercicio.

Un caso práctico de la participación de esta potestad es el que el Código otorga a la Superiora general de un instituto para conceder, a tenor del derecho, el indulto a una religiosa de votos temporales que desea marcharse (Cf. c. 688, 2 en la pág. 97

A lo largo de todo el Código se enumeran diversos casos en los que se concretiza esa cooperación en la misión de la Iglesia, según los dones, el discernimiento y los carismas de cada uno. El canon 204, 1 —doctrinal todo él— será mucho más explícito aclarando esta condición del fiel cristiano como consecuencia de su incorporación total a Cristo en virtud del Bautismo.

7. La prescripción:

a) Concepto de prescripción (c. 197)

La Iglesia recibe, tal como está regulada en la legislación civil de la nación respectiva, la prescripción como modo de adquirir o perder un derecho subjetivo, así como de librarse de obligaciones, quedando a salvo las excepciones que determinan los cánones de este Código.

Prescripción es un modo de adquirir algún derecho o de liberarse de alguna carga a causa de unos hechos jurídicos que se han puesto u omitido durante un determinado espacio de tiempo.
El Código civil español trata de la prescripción en el artículo 1930 y siguientes.
Es preciso que la persona, física o jurídica, en cuyo favor se prescribe, haya estado de buena fe desde el principio y durante todo el tiempo requerido para prescribir (c. 198).

b) Necesidad de la buena fe (c. 198)

Ninguna prescripción tiene validez si no se funda en la buena fe, no sólo al comienzo, sino durante todo el decurso de tiempo requerido para la misma, salvo lo establecido en el can. 1362.

8. Del cómputo del tiempo (cc. 200-203)

200 *A no ser que el derecho disponga expresamente otra cosa, el tiempo debe computarse de acuerdo con los cánones que siguen.*

201 *1. Por tiempo continuo se entiende aquel que no admite ninguna interrupción.*

2. Por tiempo útil se entiende el que concierne a quien usa o reclama su derecho, de tal manera que no corre para quien ignora o no puede reclamar.

202 *1. En derecho, se entiende por día el espacio de 24 horas contadas como continuas, y comienza a la media noche, a no ser que se disponga expresamente otra cosa; la semana es un espacio de siete días; el mes, un espacio de 30, y el año, un espacio de 365 días, a no ser que se diga que el mes y el año hayan de tomarse según el calendario.*

2. Si el tiempo es continuo, el mes y el año se han de computar siempre según el calendario.

203 *1. El día* a quo *no se cuenta en el plazo, a no ser que su inicio coincida con el principio del día o que el derecho disponga expresamente otra cosa.*

2. Si no se establece lo contrario, el día ad quem *se incluye en el plazo, el cual, si consta de uno o más meses o años, o de una o más semanas, termina al cumplirse el último día del mismo número o, si el mes carece del día del mismo número, al acabar el último día del mes.*

El Código en diversos lugares habla de plazos de tiempo o de edades requeridas para la validez de algún acto jurídico. En esos casos, el tiempo debe computarse a tenor de estos cánones.

La diferencia principal entre tiempo continuo y tiempo útil es que el primero se cuenta de momento a momento, por ejemplo, un año de noviciado, un trienio de profesión temporal, etc.; mientras que el tiempo útil se cuenta por días, es decir, no cuentan los días en que el sujeto no puede actuar, como son los días festivos.

El canon que puede ofrecer más dificultad a la hora de su aplicación es el 203. Aplicándolo, por ejemplo, al noviciado, éste no puede iniciarse el día del cumpleaños sino el día siguiente, a menos que cumpla los 17 años justamente a media noche. Y el noviciado dura hasta el mismo día *inclusive* de la iniciación, del año siguiente, pudiendo emitir los votos al día siguiente, ya que en el día final del año del noviciado es cuando se completa el cómputo del plazo establecido.

LIBRO II · DEL PUEBLO DE DIOS

El título «Del Pueblo de Dios» considera a los fieles como denominador común de los diversos estados en la Iglesia y es enteramente nuevo en la legislación eclesiástica. Su planteamiento obedece puntualmente al esquema de la eclesiología conciliar a la luz de la *Lumen gentium* (cap. II).

No sólo la parte tercera de este Libro II del Código, que trata íntegramente de los institutos de vida consagrada, sino también la primera, que se refiere a las obigaciones y derechos de todos los fieles cristianos (título I) y, en particular, de los laicos (título II), es aplicable a las religiosas. Por ello, nos extendemos aquí con mayor detención y amplitud.

PARTE PRIMERA · DE LOS FIELES CRISTIANOS

1. Quién es un fiel cristiano en la Iglesia (c. 204, 1)

Son fieles cristianos quienes, incorporados a Cristo por el bautismo, se integran en el pueblo de Dios y, hechos partícipes a su modo por esta razón de la función sacerdotal, profética y real de Cristo, cada una según su propia condición, son llamados a desempeñar la misión que Dios encomendó cumplir a la Iglesia en el mundo.

No puede decirse que este canon sea una definición de lo que es un fiel cristiano. Es más bien una descripción, que se irá enriqueciendo en los cánones siguientes. Sin embargo, este canon, junto con el 96 antes citado, posee un rico contenido doctrinal y constituye el punto de partida de todo cuanto se va a establecer a continuación. Destacamos los siguientes elementos:

— el bautismo, que es la base sacramental de la propia condición del fiel cristiano;

— la participación —acomodada a su propia condición— de la misión de Cristo en su triple función sacerdotal, profética y real (cf. *Lumen gentium,* n. 31: los fieles, «mediante el Bautismo, constituidos en pueblo de Dios y hechos partícipes a su manera de la función sacerdotal, profética y real de Jesucristo, ejercen, por su parte, la misión de todo el pueblo cristiano en la Iglesia y en el mundo»).

— la llamada —inherente al bautismo— a la misión apostólica y evangelizadora de la Iglesia, en la que no pueden sentirse como sujetos pasivos, sino como agentes y participantes de la misma;

— y el dato ecuménico que entraña el hecho de que todos los bautizados integramos la única Iglesia de Cristo; hecho que sólo puede obstaculizarse por la ausencia de comunión en la fe, en los sacramentos o en el régimen eclesiástico, como se afirma en el canon 205.

2. **Clérigos, laicos y religiosos** (c. 207)

1. Por institución divina, entre los fieles hay en la Iglesia ministros sagrados, que en el derecho se denominan también clérigos; los demás sé llaman laicos.

2. En estos dos grupos hay fieles que, por la profesión de los consejos evangélicos mediante votos u otros vínculos sagrados, reconocidos y sancionados por la Iglesia, se consagran a Dios según la manera peculiar que les es propia y contribuyen a la misión salvífica de la Iglesia; su estado, aunque no afecta a la estructura jerárquica de la Iglesia, pertenece, sin embargo, a la vida y santidad de la misma.

La división del párrafo 1 corresponde al esquema conciliar de la *Lumen gentium* en sus capítulos II y III. Principalmente en los números 9 y 23 vemos esta diversificación y su base sacramental para la constitución de la Iglesia: los sacramentos del bautismo y del Orden.

En esta división se integra, además, el párrafo 2 del mismo canon en el que se señala la especial consagración a Dios de determinados clérigos y laicos mediante votos públicos u otra especie de vínculos sagrados reconocidos como tales por la Iglesia.

Por lo demás, este estado de consagración no es una apostilla a la condición de miembro de la Iglesia, sino que pertenece por su propia naturaleza a la vida y santidad de la misma (*Lumen gentium,* c. VI, n. 24, y *Perfectae caritatis,* nn. 1 y 6).

TITULO I - DE LOS DEBERES Y DERECHOS DE TODOS LOS FIELES

1. **Igualdad entre todos los fieles** (c. 208)

Por su regeneración en Cristo, se da entre todos los fieles una verdadera igualdad en cuanto a la dignidad y acción, en virtud de la cual todos, según su propia condición y oficio, cooperan a la edificación del Cuerpo de Cristo.

2. **Comunión con la Iglesia universal y particular** (c. 209)

1. Los fieles están obligados a observar siempre la comunión con la Iglesia, incluso en su modo de obrar.

2. Cumplan con gran diligencia los deberes que tienen tanto respecto a la Iglesia universal como en relación con la Iglesia particular a la que pertenecen, según las prescripciones del derecho.

En el canon 205 han quedado detalladamente definidos los contenidos donde se mantiene, al margen de toda adhesión interior, esa comunión visible con la Iglesia: la fe, los sacramentos y el régimen eclesiástico.

3. **Santidad de vida** (c. 210)

Todos los fieles deben esforzarse, según su propia condición, por llevar una vida santa, así como por incrementar la Iglesia y promover su continua santificación.

Es la exigencia primera del bautismo y, por lo tanto, de la vida cristiana: una santidad que debe fomentarse y traslucirse en nuestro comportamiento moral.

4. **Vocación misionera** (c. 211)

Todos los fieles tienen el deber y el derecho de trabajar para que el mensaje divino de salvación alcance más y más a los hombres de todo tiempo y del orbe entero.

Sobre la vocación misionera del creyente, consecuencia de su bautismo, puede verse la *Lumen gentium*, n. 35, y la *Apostolicam actuositatem*, n. 2.

5. Relación con los sagrados Pastores:

a) **Obediencia** (c. 212, 1)

Los fieles, conscientes de su propia responsabilidad, están obligados a seguir, por obediencia cristiana, todo aquello que los Pastores sagrados, en cuanto representantes de Cristo, declaran como maestros de la fe o establecen como rectores de la Iglesia.

b) **Confianza** (c. 212, 2)

Los fieles tienen la facultad de manifestar a los Pastores de la Iglesia sus necesidades, principalmente las espirituales, y sus deseos.

c) **Colaboración** (c. 212, 3)

Tienen el derecho, y a veces incluso el deber, en razón de su propio conocimiento, competencia y prestigio, de manifestar a los Pastores sagrados su opinión sobre aquello que pertenece al bien de la Iglesia y de manifestar a los demás fieles, salvando siempre la integridad de la fe y de las costumbres, la reverencla hacia los Pastores, y habida cuenta de la utilidad común y de la dignidad de las personas.

6. Derechos específicos:

a) **A la palabra de Dios y los Sacramentos** (c. 213)

Los fieles tienen derecho a recibir de los Pastores sagrados la ayuda de los bienes espirituales de la Iglesia, principalmente la palabra de Dios y los Sacramentos.

En este y en los siguientes cánones se establece una serie de derechos que competen a todos los fieles en virtud de su condición de bautizados, a los que se correponde otra de obligaciones por parte de las Pastores y que no son sino una expresión de la comunión entre todos y de la interrelación de oficios en la Iglesia.

b) **Al ejercicio del culto** (c. 214)

Los fieles tiene derecho a tributar culto a Dios según las normas del propio rito aprobado por los legítimos Pastores de la Iglesia, y a practicar su propia forma de vida espiritual, siempre que sea conforme con la doctrina de la Iglesia.

La forma propia de vida espiritual se refiere, en este caso, a los diversos estados, en sentido amplio: clérigos, laicos (casados o no), religiosos, etc.

c) **Derecho de asociación** (c. 215)

Los fieles tienen la facultad de fundar y dirigir libremente asociaciones para fines de caridad o piedad o para fomentar la vocación cristiana en el mundo; y también a reunirse para conseguir en común esos mismos fines.

El derecho de asociación es nuevo en la legislación eclesiástica. Y se le ha dado tanta importancia que a él se le dedica todo el título quinto de este Libro II del Código. Y ello, no sólo por los condicionantes actuales de la sociedad contemporánea, sino por las mismas exigencias eclesiales que este derecho comporta.

d) **A la actividad apostólica** (c. 216)

Todos los fieles, puesto que participan en la misión de la Iglesia, tienen derecho a promover y sostener la acción apostólica también con sus propias iniciativas, cada uno según su estado y condición; pero ninguna iniciativa se atribuya el nombre de católica sin contar con el consentimiento de la autoridad eclesiástica competente.

La primera parte del canon queda de alguna manera explicada a propósito del canon 211 (cf. pág. 27). Es de notar, sin embargo, la última frase: ninguna asociación, obra, publicación, etc., puede apellidarse «católica» sin expreso consentimiento de la competente autoridad eclesiástica.

e) **A la educación cristiana** (c. 217)

Los fieles, puesto que están llamados por el bautismo a llevar una vida congruente con la doctrina evangélica, tienen derecho a una educación cristiana por la que se les instruya convenientemente en orden a conseguir la madurez de la persona humana y al mismo tiempo conocer y vivir el misterio de la salvación.

Son inseparables la madurez humana y la vivencia real del misterio de la salvación. Tomen buena nota de ello, sobre todo, las responsables tanto de la educación cristiana en general como, en especial, de la formación para la vida consagrada.

f) **A la investigación en las ciencias sagradas** (c. 218)

Quienes se dedican a las ciencias sagradas gozan de una justa libertad para investigar, así como para manifestar prudentemente su opinión sobre todo aquello en lo que son peritos, guardando la debida sumisión al magisterio de la Iglesia.

g) **A elegir estado** (c. 219)

En la elección del estado de vida, todos los fieles tienen derecho a ser inmunes de cualquier coacción.

h) **A la buena fama** (c. 220)

A nadie le es lícito lesionar ilegítimamente la buena fama de que alguien goza ni violar el derecho de cada persona a proteger su propia intimidad.

i) **A la defensa de los propios derechos** (c. 221)

1. Compete a los fieles reclamar legítimamente los derechos que tienen en la Iglesia, y defenderlos en el fuero eclesiástico competente conforme a la norma del derecho.

2. Si son llamados a juicio por la autoridad competente, los fieles tienen también derecho a ser juzgados según las normas jurídicas, que deben ser aplicadas con equidad.

3. Los fieles tienen derecho a no ser sancionados con penas canónicas, si no es conforme a la norma legal.

La potestad judicial es uno de los aspectos de la potestad de régimen que, por voluntad de Cristo y en virtud del sacramento del Orden, posee la Iglesia. A ella, pues, tienen derecho de apelar los fieles y de ella recibir equidad y justicia.

7. Obligaciones especiales:

a) **Ayudar a las necesidades de la Iglesia** (c. 222, 1)

Los fieles tienen el deber de ayudar a la Iglesia en sus necesidades, de modo que disponga de lo necesario para el culto divino, las obras apostólicas y de caridad y el conveniente sustento de los ministros.

b) **Promover la justicia social** (c. 222, 2)

Tienen también el deber de promover la justicia social, así como, recordando el precepto del Señor, ayudar a los pobres con sus propios bienes.

Este canon no es sino la concreción del precepto evangélico del compartir, sin olvidar que éste pasa ineludiblemente por «cumplir antes toda justicia» (Mt. 3, 15). El magisterio es abundante en esta materia. Pero el Código, que no es un tratado de sociología teológica ni pastoral, se ha cuidado muy acertadamente de apremiar con una de sus expresiones más imperativas («están obligados») a practicar activamente la justicia social, a no desentenderse pasivamente de las injusticias sociales y a realizar generosamente el precepto de Jesús del amor distributivo.

Este canon adquiere especial relevancia cuando, a causa de las obras que desarrolla el instituto o la comunidad, en el que se emplea personal ajeno a los mismos, o por el simple motivo de servicios ocasionales que se les prestan, son las propias religiosas el sujeto activo de este compromiso no menos eclesial y evangélico que social.

8. Cautelas en el ejercicio de los propios derechos (c. 223)

1. En el ejercicio de sus derechos, tanto individualmente como unidos en asociaciones, los fieles han de tener en cuenta el bien común de la Iglesia, así como también los derechos ajenos y sus deberes respecto a otros.

2. Compete a la autoridad eclesiástica regular, en atención al bien común, el ejercicio de los derechos propios de los fieles.

TITULO II - DE LAS OBLIGACIONES Y DERECHOS DE LOS FIELES LAICOS

Hasta aquí se ha hablado de las obligaciones y derechos de todos los fieles. El presente título se refiere exclusivamente a las obligaciones de los laicos. Es de destacar el fondo teológico y eclesial de todos ellos. No se trata de meras formulaciones jurídico-preceptivas, sino de obligaciones y derechos que dimanan de la propia condición de bautizados y miembros vivos del Cuerpo de Cristo, que es la Iglesia. Aunque el título se refiere directamente a los laicos, casi todo su contenido es aplicable igualmente a las religiosas. Por ello, citamos sus cánones a continuación.

Por lo demás, sobre esta materia hay otras muchas disposiciones dispersas en el Código, que enriquecen ampliamente este apartado. Véanse, como ejemplo, los cánones 774 y 776 (participación en la catequesis parroquial), 835 (en las celebraciones litúrgicas), 492, 512, 536 y 537 (en los consejos diocesanos y parroquiales de pastoral y economía), 910, 911 y 1112 (administración de algunos sacramentos), 517 (asistencia pastoral a una parroquia), etc., etc. Todos ellos los reproducimos y comentamos en sus lugares correspondientes.

1. Obligación y derecho al apostolado (c. 225, 1)

Puesto que, en virtud del bautismo y de la confirmación, los laicos, como todos los demás fieles están destinados por Dios al apostolado, tienen la obligación gene-

ral, y gozan del derecho, tanto personal como asociadamente, de trabajar para que el mensaje divino de salvación sea conocido y recibido por todos los hombres en todo el mundo; obligación que les apremia todavía más en aquellas circunstancias en las que sólo a través de ellos pueden los hombres oir el Evangelio y conocer a Jesucristo.

2. **Apostolado en las realidades temporales** (c. 225, 2)

Tienen tambien el deber peculiar, cada uno según su propia condición, de impregnar y perfeccionar el orden temporal con el espíritu evangélico, y dar así testimonio de Cristo, especialmente en la realización de esas mismas cosas temporales y en el ejercicio de las tareas seculares.

Se trata de un canon muy importante. Los laicos tienen una misión muy especial en la Iglesia y en el mundo. Es verdad que, tratándose de religiosas, su misión en el mundo ha de revestir un carácter especial de acuerdo con su condición de persona consagrada. Pero de ningún modo pueden sentirse ajenas a esa realidad en la que están y viven —aunque no sean de ella—, a la que hay que llevar el mensaje liberador de Jesús.

La religiosa renuncia al mundo pero no a la evangelización del mundo. Sus obras (las propias del instituto), el testimonio de su vida (individual y comunitaria), la plegaria, el servicio de los propios carismas, la inserción en la vida eclesial (acciones litúrgicas, catequesis...), la presencia en el mundo de los valores del Reino que significa su consagración, etc., son otros tantos medios con que, a la par que los laicos, puede y debe una religiosa cumplir esa doble misión evangelizadora.

3. **Derecho a la libertad en los asuntos terrenos** (c. 227)

Los fieles laicos tienen derecho a que se les reconozca en los asuntos terrenos aquella libertad que compete a todos los ciudadanos; sin embargo, al usar de esa libertad, han de cuidar de que sus acciones estén inspiradas por el espíritu evangélico, y han de prestar atención a la doctrina propuesta por el magisterio de la Iglesia, evitando a la vez presentar como doctrina de la Iglesia su propio criterio, en materias opinables.

Se consagra aquí la autonomía del orden de las realidades temporales. Un fiel cristiano, y con mayor motivo una religiosa, al hacer uso de esa libertad que aquí se le otorga, habrá de tener en cuenta la evangelicidad que debe imprimir a su comportamiento, así como las normas que, en todo lo que pueda rozar la fe de la Iglesia, proponga o dicte el magisterio (cf. *Apostolicam actuositatem,* n. 7).

4. **Colaboración con los sagrados Pastores** (c. 228)

1. Los laicos que sean considerados idóneos tienen capacidad de ser llamados por los sagrados Pastores para aquellos oficios eclesiásticos y encargos que pueden cumplir según las prescripciones del derecho.

2. Los laicos que se distinguen por su ciencia, prudencia e integridad tienen capacidad para ayudar como peritos y consejeros a los pastores de la Iglesia, también formando parte de consejos, conforme a la norma del derecho.

Se enuncia aquí un principio general según el cual las religiosas pueden ser habilitadas para determinadas funciones de acuerdo con el Derecho. En otros lugares se especifican y explican algunas de ellas. Asimismo pueden, siempre a tenor del Código, desempeñar un oficio eclesiástico, que no lleve consigo ejercicio de la potestad sagrada, en cuanto que tal oficio no es sino, como afirma el Concilio, «un cargo estable para un fin espiritual».

Es, una vez más, la aplicación del principio de participación y corresponsabilidad que les atañe como miembros del pueblo de Dios.

5. **Formación religiosa, incluso científica** (c. 229, 1 y 2)

1. Para que puedan vivir según la doctrina cristiana, proclamarla, defenderla cuando sea necesario y ejercer la parte que les corresponde en el apostolado, los laicos tienen el deber y el derecho de adquirir conocimiento de esa doctrina, de acuerdo con la capacidad y condición de cada uno.

2. Tienen también el derecho a adquirir el conocimiento más profundo de las ciencias sagradas que se imparte en las universidades o facultades eclesiásticas o en los institutos de ciencias religiosas, asistiendo a sus clases y obteniendo grados académicos.

Aunque en otro lugar se habla de la formación de las religiosas (cf. cc. 659-661), se establece en este canon un principio por el que se afirma el derecho a la formación religiosa necesaria para vivir y propagar la fe, sin excluir la posibilidad, incluso la conveniencia, de ulteriores estudios dentro del ámbito de las ciencias sagradas. Nunca se recomendará lo suficiente la necesidad cada vez más justificada de la formación, no sólo espiritual sino también teológica, de las religiosas para que, en los diversos campos de su ministerio, sepan dar en todo momento adecuada respuesta de su fe.

6. Ejercicio de la docencia en ciencias sagradas (c. 229, 3)

Ateniéndose a las prescripciones establecidas sobre la idoneidad necesaria, también tienen capacidad de recibir de la legítima autoridad eclesiástica mandato de enseñar ciencias sagradas.

7. Participación en las acciones litúrgicas y otros ministerios. Formación requerida para ello (cc. 230, 2 y 3, y 231, 1)

230 *2. Por encargo temporal, los laicos pueden desempeñar la función de lector en las ceremonias litúrgicas; asimismo, todos los laicos pueden desempeñar las funciones de comentador, cantor y otras, a tenor de la norma del derecho.*

3. Donde lo aconseje la necesidad de la Iglesia y no haya ministros, pueden también los laicos, aunque no sean lectores ni acólitos, suplirles en algunas de sus funciones, es decir, ejercitar el ministerio de la palabra, presidir las oraciones litúrgicas, administrar el bautismo y dar la sagrada Comunión, según las prescripciones del derecho.

231 *1. Los laicos que de modo permanente o temporal se dedican a un servicio especial de la Iglesia tienen el deber de adquirir la formación conveniente que se requiere para desempeñar bien su función, y para ejercerla con conciencia, generosidad y diligencia.*

Las funciones que aquí se enumeran, también las que suponen una cierta participación de la potestad sagrada como la administración de algunos sacramentos (cf. cc. 861, 2; 910, 2; 1112, 1), pueden ser desempeñadas por las religiosas, supuesto que no entrañan ningún ministerio jerárquico.

TITULO V - DE LAS ASOCIACIONES DE FIELES

— Asociaciones regidas por institutos religiosos (c. 311)

Los miembros de institutos de vida consagrada que presiden o prestan asistencia a las asociaciones unidas de algún modo a su instituto, cuiden de que esas asociaciones presten ayuda a las obras de apostolado que haya en la diócesis, colaborando sobre todo, bajo la dirección del Obispo del lugar, con las asociaciones que miran al ejercicio del apostolado en la diócesis.

Es frecuente la existencia de asociaciones establecidas en las iglesias u oratorios de las religiosas, incluso dirigidas por los institutos o comunidades. En cuanto al régimen de estas asociaciones, obsérvese cuanto establece el Código sobre las asociaciones de los fieles (cc. 298-329). Y en cuanto al ejercicio de sus fines espirituales y apostólicos deben insertarse solidariamente en los diversos campos del apostolado y pastoral diocesanos.

PARTE SEGUNDA - DE LA CONSTITUCION JERARQUICA DE LA IGLESIA

1. Participación en los organismos diocesanos:

Los cánones que siguen son una prueba manifiesta del sentido de participación y de corresponsabilidad que el Código reconoce y atribuye a todos los bautizados para la común edificación de la Iglesia. Es este uno de los frutos más preciosos del Concilio, que el Derecho eclesiástico ha sabido tan acertadamente concretar y reducir a normas.

Se trata aquí de la participación a nivel de organismos diocesanos y parroquiales, como después se dice.

Entre esos organismos, a los que son llamados a participar los laicos, y también las religiosas, no se cita al «Consejo de laicos» del que se habla en la *Apostolicam actuositatem* (n. 26).

Es distinto del consejo de pastoral y del de economía. Podría crearse en la diócesis. Sus atribuciones se establecerían en los estatutos y a él podrían ser llamadas como miembros algunas religiosas.

a) **En el sínodo diocesano** (c. 463, 2)

El Obispo diocesano también puede convocar al sínodo como miembros del mismo a otras personas, tanto clérigos como miembros de institutos de vida consagrada, como fieles laicos.

b) **En el consejo de economía** (c. 492, 1)

En cada diócesis ha de constituirse un consejo de asuntos económicos presidido por el Obispo diocesano o su delegado, que consta al menos de tres fieles designados por el Obispo, que sean expertos en materia económica y en derecho civil, y de probada integridad.

c) **En el consejo pastoral** (c. 512)

1. El consejo pastoral se compone de fieles que estén en plena comunión con la Iglesia católica, tanto clérigos y miembros de institutos de vida consagrada como sobre todo laicos, que se designan según el modo determinado por el Obispo diocesano.

2. Los fieles que son designados para el consejo pastoral deben elegirse de modo que a través de ellos quede verdaderamente representada la porción del pueblo de Dios que constituye la diócesis, teniendo en cuenta sus distintas regiones, condiciones sociales y profesiones, así como también la parte que tienen en el apostolado, tanto personalmente como asociados con otros.

3. Para el consejo pastoral deben designarse sólo fieles que destaquen por su fe, buenas costumbres y prudencia.

2. **Participación en los cuidados parroquiales:**

a) **Asistencia pastoral de una parroquia** (c. 517, 2)

Si, por escasez de sacerdotes, el Obispo diocesano

considera que ha de encomendarse una participación en el ejercicio de la cura pastoral de la parroquia a un diácono o a otra persona que no tiene el carácter sacerdotal, o a una comunidad, designará a un sacerdote que, dotado de las potestades propias del párroco, dirija la actividad pastoral.

Cada día va siendo más frecuente la necesidad de encomendar una parte de los cuidados parroquiales a personas no consagradas por el sacramento de la ordenación. Principalmente en suburbios y aldeas para las que no hay o no llega el sacerdote.

En este quehácer, las religiosas son un elemento excepcional de colaboración. Sobre este particular hacemos las siguientes observaciones a tener en cuenta:

1.ª Las Superioras cedan generosamente religiosas para este ministerio cuando fueren requeridas para ello por los Obispos, aunque sea sacrificando en parte las ventajas de la comunidad al bien espiritual del pueblo de Dios.

2.ª No designen sin más a cualquier miembro de la comunidad, sino a aquellas religiosas que sobresalgan por su virtud, competencia y espíritu de servicio y dedicación a los demás.

3.ª Procuren, previamente, que las que son escogidas para ello adquieran la preparación adecuada para el oficio que se les encomienda mediante cursillos u otros estudios. La profesión religiosa, por sí sola, no capacita para ello.

4.ª Sin optar por un espacio de tiempo ilimitado, procuren sin embargo no retirarlas demasiado en breve, pues el ejercicio y la experiencia enriquecerán su ministerio. Y cuiden, sobre todo, que las que les sustituyan lleven una formación semejante a fin de garantizar la continuidad de las obras.

5.ª Las religiosas que adquieran este compromiso procuren con empeño que los cuidados pastorales a que deberán atender no disminuyan su espíritu religioso ni la fidelidad al carisma de la propia vocación.

6.ª Aparte de las facultades que el Obispo o el sacerdote responsable les otorguen, en diversas partes de este libro se citan y exponen algunas muy concretas, que ya prevé el mismo Derecho.

b) **Cooperación con el párroco** (c. 519)

El párroco es el pastor propio de la parroquia que se le confía, y ejerce la cura pastoral de la comunidad que le está encomendada bajo la autoridad del Obispo diocesano, en cuyo ministerio de Cristo ha sido llamado a participar, para que en esa misma comunidad cumpla las funciones de enseñar, santificar y regir, con la cooperación también de otros presbíteros o diáconos, y con la ayuda de fieles laicos, conforme a la norma del derecho.

c) **Especial colaboración en la evangelización de los alejados de la fe** (c. 528, 1)

El párroco está obligado a procurar que la palabra de Dios se anuncie en su integridad a quienes viven en la parroquia; cuide por tanto de que los fieles laicos sean adoctrinados en las verdades de la fe, sobre todo mediante la homilía, que ha de hacerse los domingos y fiestas de precepto, y la formación catequética; ha de fomentar las iniciativas con las que se promueva el espíritu evangélico, también por lo que se refiere a la justicia social; debe procurar de manera particular la formación católica de los niños y de los jóvenes, y esforzarse con todos los medios posibles, también con la colaboración de los fieles, para que el mensaje evangélico llegue igualmente a quienes hayan dejado de practicar o no profesen la verdadera fe.

d) **Participación en los Consejos parroquiales:**

A) **En el consejo pastoral** (c. 536, 1)

Si es oportuno, a juicio del Obispo diocesano, oído el consejo presbiteral, se constituirá en cada parroquia un consejo pastoral, que preside el párroco y en el cual los fieles, junto con aquellos que participan por su oficio en la cura pastoral de la parroquia, presten su colaboración para el fomento de la actividad pastoral.

B) **En el consejo de economía** (c. 537)

En toda parroquia ha de haber un consejo de asuntos económicos que se rige, además de por el derecho universal, por las normas que haya establecido el Obispo diocesano, y en el cual los fieles, elegidos según esas normas, prestan su ayuda al párroco en la administración de los bienes de la parroquia, sin perjuicio de lo que prescribe el can. 532.

3. El capellán:

a) Nombramiento (cc. 565 y 567)

565 *El capellán es nombrado por el Ordinario del lugar, a quien también pertenece instituir al que se le presenta o confirmar al elegido, si no se establece otra cosa por el derecho o no competen legítimamente a alguien otros derechos especiales.*

567 *1. El Ordinario del lugar no debe proceder al nombramiento de capellán de la casa de un instituto religioso laical sin consultar al Superior, que tiene el derecho, después de oir a la comunidad, de proponer a un sacerdote.*

2. Corresponde al capellán celebrar u organizar las funciones litúrgicas; pero no le está permitido inmiscuirse en el régimen interno del instituto.

La personalidad humana y sacerdotal del capellán puede ser decisiva para una comunidad de religiosas. A la Superiora compete presentar al Ordinario del lugar el sacerdote escogido para que él le dé el nombramiento. No lo haga, sin embargo, sin haberse asesorado previamente y después de haber consultado a la comunidad.

El Código detalla las funciones y facultades que competen al capellán. De toda la comunidad, y principalmente de la Superiora, dependerá que las relaciones con el capellán y el desempeño de su misión no afecten a la vivencia del espíritu propio del instituto y al normal desenvolvimiento de las obras de la comunidad. En caso de irregularidades notables, la Superiora póngalo en conocimiento del Ordinario para que él provea o se le sustituya (cf. c. 563).

b) Facultades (c. 566)

1. El capellán debe estar provisto de todas las facultades que requiere el buen cuidado pastoral. Además de aquellas que se conceden por derecho particular o especial delegación, el capellán, por razón de su cargo, tiene la facultad de oir las confesiones de los fieles encomendados a su atención, predicarles la palabra de Dios, administrarles el Viático y la unción de los enfermos, y también conferir el sacramento de la confirmación a los que se encuentran en peligro de muerte.

2. En hospitales, cárceles y viajes marítimos el capellán tiene además la facultad, que sólo puede ejercer en esos lugares, para absolver de censuras latae sententiae *no reservadas ni declaradas, permaneciendo firme, sin embargo, lo prescrito en el can. 976.*

c) **Cuando la comunidad tiene aneja una iglesia** (c. 570)

Si hay una iglesia no parroquial aneja a la sede de una comunidad o de un grupo, sea capellán el rector de la misma iglesia, a no ser que la atención de la comunidad o de la iglesia exija otra cosa.

Si en el caso previsto por el Código fuere aconsejable nombrar otro sacerdote encargado de la Iglesia, la Superiora procederá como para el nombramiento del capellán.

d) **Remoción del capellán** (c. 572)

Por lo que se refiere a la remoción del capellán, obsérvese lo prescrito en el can. 563.

El canon 563 establece que el capellán puede ser retirado por el Ordinario del lugar, aunque haya sido elegido por la comunidad o presentado por la Superiora, por causa justa y según su prudente juicio.

PARTE III - DE LOS INSTITUTOS DE VIDA CONSAGRADA Y DE LAS SOCIEDADES DE VIDA APOSTOLICA

TITULO I - NORMAS COMUNES A TODOS LOS INSTITUTOS DE VIDA CONSAGRADA

Capítulo 1 - La vida consagrada

1. **Noción de vida consagrada** (c. 573)

1. La vida consagrada por la profesión de los consejos evangélicos es una forma estable de vivir en la cual los fieles, siguiendo más de cerca a Cristo bajo la acción del Espíritu Santo, se dedican totalmente a Dios como a su amor supremo, para que, entregados por un nuevo y peculiar título a su gloria, a la edificación de la Iglesia y a la salvación del mundo, consigan la perfección de la caridad en el servicio del Reino de Dios y, convertidos en signo preclaro en la Iglesia, prenuncien la gloria celestial.

2. Adoptan con libertad esta forma de vida en institutos de vida consagrada canónicamente erigidos por la autoridad competente de la Iglesia aquellos fieles que, mediante votos u otros vínculos sagrados, según las leyes propias de los institutos, profesan los consejos evangélicos de castidad, pobreza y obediencia, y por la caridad a la que éstos conducen, se unen de modo especial a la Iglesia y a su misterio.

Toda esta parte del Libro II del Código, dedicada a los institutos de vida consagrada, comienza con unos cánones generales, que son aplicables a cualquier especie de institutos religiosos, institutos seculares y sociedades de vida apostólica.

El canon primero resume con una gran densidad doctrinal todos los elementos teológicos y canónicos de la vida consagrada, tomados íntegramente de la doctrina conciliar sobre la misma (cf. *Lumen gentium,* c. VI).

Como elementos teológicos se citan:

— el seguimieno de Cristo bajo la acción del Espíritu Santo;

— la total dedicación a Dios y a su honor (culto), a la edificación de la Iglesia y a la salvación del mundo;

— el tender a la perfección del amor para servicio del Reino de Dios;

— ser signos destacados en la Iglesia;

— ser, asimismo, signos escatológicos de la gloria celestial;

— la profesión de los consejos evangélicos de castidad, pobreza y obediencia;

— la especial unión, mediante la caridad, a la Iglesia y a su misterio.

Elementos canónicos o institucionales de la vida consagrada se consideran:

— la forma estable de vida mediante un modo especial y nuevo de entregarse;

— una forma de vida libremente asumida dentro de un instituto de vida consagrada;

— la erección canónica del instituto por la competente autoridad eclesiástica;

— un compromiso, temporal o perpetuo, para con Dios mediante votos públicos u otros vínculos sagrados;

— observancia de la legislación propia de cada instituto.

Votos deben entendense según la definición del canon 1191, 1 («la promesa deliberada y libre hecha a Dios acerca de un bien posible y mejor»).

Los institutos religiosos, a los que va dirigido este libro sólo emiten votos (c. 607, 2). Los institutos seculares y las sociedades de vida apostólica tienen promesas, juramentos u otra especie de vínculos sagrados.

2. Aprobación de nuevas formas de vida consagrada (c. 605)

La aprobación de nuevas formas de vida consagrada se reserva exclusivamente a la Sede Apostólica. Sin embargo, los Obispos diocesanos han de procurar discernir los nuevos dones de vida consagrada otorgados a la Iglesia por el Espíritu Santo y ayudar a quienes los promueven para que pongan por obra sus propósitos de la mejor manera posible y los tutelen mediante estatutos convenientes, aplicando sobre todo las normas generales contenidas en esta parte.

El Decreto conciliar *Perfectae caritatis* ya establece que «en la fundación de nuevos institutos ha de pesarse seriamente su necesidad o, por lo menos, su gran utilidad y posibilidad de desarrollo, para que no nazcan institutos inútiles o no dotados de vigor suficiente». Sin embargo sí recomienda que en las nuevas iglesias con índole y costumbres propias se promuevan formas de vida religiosa adaptadas a los usos y costumbres del lugar (n. 19).

3. Su situación en la Iglesia (c. 574, 1)

El estado de quienes profesan los consejos evangélicos en esos institutos pertenece a la vida y a la santidad de la Iglesia; por ello todos en la Iglesia deben apoyarlo y promoverlo.

Esta idea se repite en el canon 207, 2, y en la Constitución conciliar *Lumen gentium* se expone con todo detalle y argumentos. «La profesión de los consejos evangélicos, se dice allí, debe atraer eficazmente a todos los miembros de la Iglesia a cumplir sin desfallecimiento los deberes de la vocación cristiana». Este estado de vida, «aunque no pertenezca a la estructura jerárquica de la Iglesia, pertenece sin embargo, de manera indiscutible a su vida y a su santidad» (n. 44).

4. **Vocación a la vida consagrada** (c. 574, 2)

Dios llama especialmente a algunos fieles a dicho estado, para que gocen de este don peculiar en la vida de la Iglesia y favorezcan su misión salvífica de acuerdo con el fin y el espíritu del instituto.

La vocación es un don de Dios (c. 575), que se vive y desarrolla en la Iglesia. Este don comporta, de un modo peculiar, la fidelidad al espíritu y a los fines del instituto, y no menos la total entrega a la función salvífica de la Iglesia.

5. **Fundamento cristológico** (c. 575)

Los consejos evangélicos, fundados en la doctrina y ejemplo de Cristo Maestro, son un don divino que la Iglesia ha recibido del Señor y conserva siempre con su gracia.

Véanse la *Lumen gentium,* n. 43 y el *Perfectae caritatis,* n. 1.

6. **Clases de vida consagrada** (c. 577)

En la Iglesia hay muchos institutos de vida consagrada, que han recibido dones diversos, según la gracia propia de cada uno: pues siguen más de cerca a Cristo ya cuando ora, ya cuando anuncia el Reino de Dios, ya cuando hace el bien a los hombres, ya cuando convive con ellos en el mundo, aunque cumpliendo siempre la voluntad del Padre.

La diversa tipología de la vida consagrada tiene su fundamento en la vida de Cristo, y la que el canon expone no es sino la fiel reproducción de la ya expuesta en la *Lumen gentium* (n. 46): mediante los religiosos la Iglesia muestra cada día mejor, a fieles e infieles, el rostro de Cristo
ya entregado a la contemplación en el monte,
ya anunciando el Reino de Dios a las turbas,
ya sanando enfermos y heridos,
convirtiendo los pecadores a una vida correcta,
bendiciendo a los niños,
o haciendo el bien a todos.

7. Contenido de la vida consagrada:

A) Los consejos evangélicos:

a) **Castidad** (c. 599)

El consejo evangélico de castidad asumido por el Reino de los cielos, en cuanto signo del mundo futuro y fuente de una fecundidad más abundante en un corazón no dividido, lleva consigo la obligación de observar perfecta continencia en el celibato.

En este canon y en los dos siguientes se expone no sólo el contenido teológico y espiritual de cada uno de los consejos evangélicos, sino además su motivación cristológica y eclesial.

b) **Pobreza** (c. 600)

El consejo evangélico de pobreza, a imitación de Cristo, que, siendo rico, se hizo indigente por nosotros, además de una vida pobre de hecho y de espíritu, esforzadamente sobria y desprendida de las riquezas terrenas, lleva consigo la dependencia y limitación en el uso y disposición de los bienes, conforme a la norma del derecho propio de cada instituto.

c) **Obediencia** (c. 601)

El consejo evangélico de obediencia, abrazado con espíritu de fe y de amor en el seguimiento de Cristo, obediente hasta la muerte, obliga a someter la propia voluntad a los Superiores legítimos, que hacen las veces de Dios, cuando mandan algo según las constituciones propias. art. 98

d) **Sólo la Iglesia los interpreta** (c. 576)

Corresponde a la autoridad competente de la Iglesia interpretar los consejos evangélicos, regular con leyes su práctica y determinar mediante la aprobación canónica las formas estables de vivirlos, así como también cuidar por su parte de que los institutos crezcan y florezcan según el espíritu de sus fundadores y las sanas tradiciones.

Cf. *Lumen gentium*, n. 43.

e) Amplitud de los consejos evangélicos (c. 598, 1)

Teniendo en cuenta su carácter y fines propios, cada instituto ha de determinar en sus constituciones el modo de observar los consejos evangélicos de castidad, pobreza y obediencia, de acuerdo con su modo de vida.

El alcance de los consejos evangélicos, sobre todo el de pobreza, que es en el que puede haber mayor divergencia entre los diversos institutos, dependerá de las reglas y constituciones de cada uno, procurando fortalecer el espíritu, que es el que dará vida y pondrá eficacia en la práctica.

f) Fidelidad debida a los mismos (c. 598, 2)

Todos los miembros no sólo deben observar fiel e íntegramente los consejos evangélicos, sino también ordenar su vida según el derecho propio del instituto, y esforzarse así por alcanzar la perfección de su estado.

Sólo es posible alcanzar la perfección del estado que se ha profesado mediante la conjunción armónica de los elementos teológico e institucional significados en la observación fiel e íntegra de los consejos evangélicos, y la adecuación de la propia vida a las normas del instituto al que voluntariamente se ha incorporado.

Véase más adelante el canon 578 y su comentario (página 50).

B) La vida fraterna (c. 602)

La vida fraterna, propia de cada instituto, por la que todos los miembros se unen en Cristo como en una familia peculiar, debe determinarse de manera que sea para todos una ayuda mutua en el cumplimiento de la propia vocación personal. Por la comunión fraterna, enraizada y fundamentada en la caridad, los miembros han de ser ejemplo de la reconciliación universal en Cristo.

El Código ha desvelado la importancia de la vida fraterna en los institutos de vida consagrada, situándola casi a la par de los consejos evangélicos y considerándola como elemento intrínseco de la misma. Es cierto que cada forma de vida consagrada tendrá su estilo y modo peculiar de vivirla; pero, en todo caso, debe aparecer como ejemplo y signo de la reconciliación universal en Cristo.

8. Admisión a la vida consagrada (c. 597)

1. Puede ser admitido en un instituto de vida consagrada todo católico de recta intención que tenga las cualidades exigidas por el derecho universal y por el propio, y esté libre de impedimento.

2. Nadie puede ser admitido sin la adecuada preparación.

Nótese el sentido positivo que el canon quiere resaltar en la admisión a la vida consagrada: el poseer las cualidades pertinentes, bien sean de derecho común y del instituto que desea abrazar, y una preparación adecuada, previa a la que se le impartirá posteriormente en los periodos de formación.

9. Erección e inmutaciones en los institutos de vida consagrada:

a) Potestad de los Obispos de erigir institutos de vida consagrada (c. 579)

En su propio territorio, los Obispos diocesanos pueden erigir mediante decreto formal institutos de vida consagrada, siempre que se haya consultado previamente a la Sede Apostólica.

b) Fusión de institutos. Confederaciones y federaciones (c. 582)

Se reservan exclusivamente a la Sede Apostólica las fusiones y uniones de institutos de vida consagrada; y asimismo se le reservan las confederaciones y federaciones.

c) Inmutaciones o cambios (c. 583)

En los institutos de vida consagrada no pueden introducirse, sin licencia de la Sede Apostólica, modificaciones que afecten a lo aprobado por ésta.

Si sólo tienen la aprobación del Obispo diocesano, aun cuando hubiese sido consultada la Sede Apostólica, puede él permitir esos cambios.

d) **Agregación de un instituto a otro** (c. 580)

La agregación de un instituto de vida consagrada a otro se reserva a la autoridad competente del instituto que agrega, sin perjuicio de la autonomía del instituto agregado.

No se requiere especial permiso de la Sede Apostólica.

e) **Supresión de un instituto** (c. 584)

Compete exclusivamente a la Sede Apostólica suprimir un instituto, y también se reserva a ella el dictar disposiciones acerca de los bienes temporales del mismo.

También los que son de derecho diocesano.

f) **Partes de un instituto:**

A) **Erección, división y unión** (c. 581)

Corresponde a la autoridad competente de un instituto, a tenor de las constituciones, dividirlo en circunscripciones, cualquiera que sea el nombre de éstas, erigir otras nuevas y unir las ya erigidas o delimitarlas de otro modo.

Ya no urge la obligación de acudir a la Santa Sede, que el Decreto *Ad instituenda,* de la Sagrada Congregación de Religiosos, imponía para realizar la primera división en provincias.

B) **Supresión de partes** (c. 585)

La supresión de circunscripciones de un instituto corresponde a la autoridad competente del mismo.

Las constituciones determinarán a quién corresponde autorizar dicha supresión.

Capítulo 2 · La vida religiosa

A) **Conceptos generales:**

1. **Noción de vida religiosa** (c. 607, 1)

La vida religiosa, como consagración total de la persona, manifiesta el desposorio admirable establecido por Dios en la Iglesia, signo de la vida futura. De este modo el religioso consuma la plena donación de sí mismo como sacrificio ofrecido a Dios, por el que toda su existencia se hace culto continuo a Dios en la caridad.

Se reproducen, adaptados y con una formulación mucho más breve los elementos descritos anteriormente en el canon 573 (pág. 40).

2. **Noción de instituto religioso** (c. 607, 2 y 3)

2. Un instituto religioso es una sociedad en la que los miembros, según el derecho propio, emiten votos públicos perpetuos o temporales que han de renovarse, sin embargo, al vencer el plazo, y viven vida fraterna en común.

3. El testimonio público que han de dar los religiosos a Cristo y a la Iglesia lleva consigo un apartamiento del mundo que sea propio del carácter y la finalidad de cada instituto.

Además de los elementos comunes a toda vida consagrada, se explicitan ahora los propios de la vida religiosa:

— sociedad (lo que supone necesariamente la vida en común);

— votos públicos y vida fraterna, con lo que no existe otra especie de vínculos (cf. cc. 1192, 1 y 607, 2);

— testimonio público por la separación del mundo, según la finalidad y la índole propias de cada instituto.

El Código emplea el término genérico de «instituto» en el cual se incluyen las antiguas denominaciones de Orden, Congregación, etc.

3. **Clases de institutos:**

a) **Clerical y laical** (c. 588, 2 y 3)

2. Se llama instituto clerical aquel que, atendiendo al fin o propósito querido por su fundador o por tradición legítima, se halla bajo la dirección de clérigos, asume el ejercicio del orden sagrado y está reconocido como tal por la autoridad de la Iglesia.

3. Se denomina instituto laical aquel que, reconocido como tal por la autoridad de la Iglesia, en virtud de su naturaleza, índole y fin, tiene una función propia determi-

nada por el fundador o por tradición legítima, y no incluye el ejercicio del orden sagrado.

b) Pontificio y diocesano (c. 589)

Un instituto de vida consagrada se llama de derecho pontificio cuando ha sido erigido por la Sede Apostólica o aprobado por ésta mediante decreto formal; y de derecho diocesano, cuando, habiendo sido erigido por un Obispo diocesano, no ha recibido el decreto de aprobación por parte de la Sede Apostólica.

c) Masculino y femenino (c. 606)

Lo que se establece sobre los institutos de vida consagrada y sobre sus miembros vale con igual derecho para ambos sexos, a no ser que conste otra cosa por el contexto o por la naturaleza misma de la materia.

Quedan, pues, excluidos los intentos llevados a cabo en algunos lugares de formar institutos o comunidades religiosas mixtas.

Como norma metodológica, téngase en cuenta este canon en la exposición del presente libro. Mientras no se diga lo contrario o así aparezca por el contexto o la naturaleza del asunto, todo cuanto se afirme de los religiosos se aplica con igual derecho también a las religiosas.

4. La Iglesia sanciona el patrimonio espiritual de los institutos religiosos. Fidelidad de sus miembros al mismo (c. 578)

Todos han de observar con fidelidad la voluntad e intenciones de los fundadores, corroboradas por la autoridad eclesiástica competente, acerca de la naturaleza, fin, espíritu y carácter de cada instituto, así como también sus sanas tradiciones, todo lo cual constituye el patrimonio del instituto.

El Código recuerda aquí, no sólo el contenido esencial de lo que es un instituto religioso, sino lo que ya la *Lumen gentium* (n. 44) y el *Perfectae caritatis* (n. 2, a y b) establecieran como principio fundamental de la renovación constante a la que deben someterse los que han profesado una vida religiosa concreta. Las normas posteriores para aplicar el Decreto conciliar insistirían sobre lo mismo. (Cf. el Motu Proprio *Ecclesiae sanctae*, II, 12, a).

5. **Autonomía de los institutos** (c. 586)

1. Se reconoce a cada uno de los institutos una justa autonomía de vida, sobre todo en el gobierno, de manera que dispongan de su propia disciplina dentro de la Iglesia y puedan conservar íntegro el patrimonio propio de que trata el can. 578.

2. Corresponde a los Ordinarios del lugar el conservar y defender esta autonomía.

Este canon no es una mera afirmación de autonomía, sino que, a lo largo de todo el Código, se advierte cómo el legislador ha dejado a cada instituto una gran amplitud para concretar y traducir en normas apropiadas todo lo que se refiere a su propia identidad, sobre todo, lo referente al patrimonio espiritual descrito en el canon 578.

6. **Las constituciones generales:**

a) **Contenido institucional y espiritual** (c. 587, 1 y 3)

1. Para defender con mayor fidelidad la vocación y la identidad de cada instituto, en el código fundamental o constituciones de cualquiera de ellos deben contenerse, además de lo que se ordena observar en el can. 578, las normas fundamentales sobre el gobierno del instituto y la disciplina de sus miembros, la incorporación y formación de éstos, así como el objeto propio de los vínculos sagrados.

3. En ese código se han de armonizar convenientemente los elementos espirituales y jurídicos; pero no deben multiplicarse las normas sin necesidad.

Las constituciones sólo deben contener los elementos que aquí se dicen. Las otras normas más particulares: usos, costumbres, preces, etc., son más propias de estatutos, ordenaciones o reglamentos, de los que trata el párrafo 4 de este mismo canon, que pueden ser distintos según los países, provincias, incluso casas.

El canon 578 se refiere al patrimonio espiritual del instituto.

b) **Aprobación. Cambios** (c. 587, 2)

Ese código es aprobado por la autoridad competente

de la Iglesia, y sólo con su consentimiento puede modificarse.

La autoridad competente es, para las constituciones, la Sede Apostólica o el Obispo, según se trate, respectivamente, de institutos de derecho pontificio o diocesano. Para los estatutos o reglamentos, la que designen las propias constituciones.

c) Estatutos y reglamentos (c. 587, 4)

Las demás normas establecidas por la autoridad competente del instituto se recogerán convenientemente en otros códigos, que pueden revisarse y acomodarse cuando sea oportuno, según las exigencias de los lugares y tiempos.

La revisión la hace el organismo correspondiente del instituto y no necesita la aprobación de otra autoridad ajena al mismo.

7. Sumisión a la Iglesia (c. 590, 1)

Los institutos de vida consagrada, precisamente por dedicarse de un modo especial al servicio de Dios y de toda la Iglesia, se hallan sometidos por una razón peculiar a la autoridad suprema de ésta.

Los institutos religiosos, como los demás de vida consagrada, están unidos por vínculos especiales de comunión y de sumisión a la Iglesia, y se deben por entero a su servicio. Esta dependencia y sumisión es tanto magisterial y doctrinal como institucional y jerárquica; y se extiende no sólo al Romano Pontífice y a la Santa Sede, sino también al resto del colegio de los Obispos en comunión con el Papa. Esta vinculación debe resaltarse principalmente en el campo apostólico (*Lumen gentium,* n. 45).

8. Exención (c. 591)

Para proveer mejor al bien del instituto y a las necesidades del apostolado, el Sumo Pontífice, en virtud de su primado sobre toda la Iglesia y en atención a la utilidad común, puede eximir a los institutos de vida consagrada del régimen de los Ordinarios del lugar, haciendo que estén sometidos exclusivamente a sí mismo o a otra autoridad eclesiástica.

La exención, que la anterior legislación otorgaba como un privilegio a determinados institutos clericales, puede ahora ser concedida por el Sumo Pontífice a cualquier instituto religioso, siempre que así lo aconseje el bien común de la Iglesia o del instituto (*Lumen gentium*, n. 45).

9. Relaciones con la Sede Apostólica:

a) Relación sobre la situación y la vida del instituto (c. 592, 1)

Para fomentar mejor la comunión de los institutos con la Sede Apostólica, todo Moderador supremo ha de enviar a ésta, del modo y en el tiempo determinados por ella, un informe breve sobre la situación y la vida del instituto.

b) Conocimiento de los documentos de la Santa Sede (c. 592, 2)

Los Moderadores de cada instituto promuevan el conocimiento de los documentos de la Santa Sede que afectan a los miembros que dependen de ellos, y velen por su observancia.

Esta obligación se extiende no sólo a las Superioras mayores, sino también a las locales. Muchos institutos tienen como norma leer y estudiar el contenido de estos documentos en sus capítulos locales. A los capítulos superiores corresponderá tomar las medidas para que la parte preceptiva de los mismos se cumpla por todos los miembros del instituto.

10. Institutos de derecho diocesano:

a) Competencias del Obispo (c. 595, 1)

Corresponde al Obispo de la sede principal aprobar las constituciones y confirmar las enmiendas que legítimamente se introduzcan en ellas, exceptuando aquello en lo que hubiera puesto sus manos la Sede Apostólica, así como tratar los asuntos más importantes que se refieren a todo el instituto y están por encima de la potestad de la autoridad interna, consultando, sin embargo, a los demás Obispos diocesanos, si el instituto se hubiera extendido a distintas diócesis.

La intervención del Obispo se limita a los institutos de derecho diocesano, y se extiende a dos campos:

1.° el de las constituciones, si la Sede Apostólica no ha tenido ninguna parte en ellas;

2.° a los problemas más graves que sobrepasan la autoridad interna del instituto.

En ambos casos, esta potestad se reserva al Obispo de la diócesis donde está ubicada la casa principal del instituto, que suele ser la que habitualmente reside la Superiora general. Mas para intervenir debe consultar a los Obispos de las otras diócesis donde, tal vez, esté erigida alguna casa del instituto.

b) **Puede dispensar de las constituciones** (c. 595, 2)

En casos particulares, el Obispo diocesano puede dispensar de las constituciones.

Tanto a las religiosas pertenecientes a institutos de derecho pontificio como diocesano.

B) Autoridades:

1. **La Iglesia y el Romano Pontífice** (c. 590, 2)

Cada uno de sus miembros está obligado a obedecer al Sumo Pontífice, como a su Superior supremo, también en virtud del vínculo sagrado de obediencia.

2. **La Sede Apostólica (si es pontificio)** (c. 593)

Sin perjuicio de lo que prescribe el can. 586, los institutos de derecho pontificio dependen inmediata y exclusivamente de la potestad de la Sede Apostólica en lo que se refiere al régimen interno y a la disciplina.

El canon 586 se refiere a la autonomía que goza cada instituto en cuanto a la disciplina interna y a la guarda del patrimonio espiritual.

La dependencia con la Sede Apostólica se canaliza, ordinariamente, a través de la Sagrada Congregación para los Religiosos.

3. El Obispo diocesano (si es diocesano) (cc. 594 y 595)

594 *Un instituto de derecho diocesano, quedando en pie el can. 586, está bajo el cuidado especial del Obispo diocesano.*

595 *1. Corresponde al Obispo de la sede principal aprobar las constituciones y confirmar las enmiendas que legítimamente se introduzcan en ellas, exceptuado aquello en lo que hubiera puesto sus manos la Sede Apostólica, así como tratar los asuntos más importantes que se refieren a todo el instituto y están por encima de la potestad de la autoridad interna, consultando, sin embargo, a los demás Obispos diocesanos, si el instituto se hubiera extendido a distintas diócesis.*

2. En casos particulares, el Obispo diocesano puede dispensar de las constituciones.

El cuidado que aquí se encomienda al Obispo no implica el régimen interno del instituto, siempre que dicho cuidado no esté en relación con la legislación aprobada por el propio Obispo. (Véase lo dicho a propósito del canon 595, pág. 53).

4. Los superiores propios y los capítulos (c. 596, 1)

Los Superiores y capítulos de los institutos tienen sobre los miembros la potestad determinada por el derecho universal y las constituciones.

Los institutos de religiosas no poseen ninguna potestad de régimen que siempre va aneja a la potestad sagrada del Orden (c. 129, 1). La potestad que aquí se concede a las Superioras y a los capítulos ya no se la llama *dominativa* como en el anterior Código, sino *potestad eclesiástica,* o simplemente *potestad.*

TITULO II · DE LOS INSTITUTOS RELIGIOSOS

Capítulo 1 · De las casas religiosas y de su erección y supresión

1. Principio general sobre la obligación de residencia (c. 608)

La comunidad religiosa debe habitar en una casa

legítimamente constituida, bajo la autoridad del Superior designado conforme a la norma del derecho; cada casa ha de tener al menos un oratorio, en el que se celebre y esté reservada la Eucaristía, y sea verdaderamente el centro de la comunidad.

Es el elemento material de la comunidad religiosa necesario para vivir la vida fraterna en común. Si la Eucaristía es el centro de toda la vida cristiana, cuánto más la de una comunidad consagrada a Dios.

En adelante, todas las casas religiosas son homologables en cuanto a categoría y derechos. Han desaparecido las distinciones de la anterior legislación, quedando únicamente, para determinados efectos, los monasterios *sui iuris* de monjas.

En cuanto a la naturaleza del oratorio, su erección, bendición, etc., véase más adelante al comentar los cánones 1223 ss. (pág. 143 ss.).

2. **Erección de una casa religiosa** (c. 609, 1)

Las casas de un instituto religioso se erigen por la autoridad competente según las constituciones, con el consentimiento previo del Obispo diocesano, dado por escrito.

Es la autoridad competente del instituto la que erige la casa religiosa. Del Obispo diocesano sólo se necesita el consentimiento dado por escrito.

3. **Condiciones para ello** (c. 610)

1. La erección de las casas se hace teniendo en cuenta la utilidad de la Iglesia y del instituto, y asegurando todo aquello que es necesario para que los miembros vivan debidamente la vida religiosa, según los fines propios y el espíritu del instituto.

2. No se erigirá ninguna casa religiosa si no se prevé prudentemente que podrá atenderse de manera adecuada a las necesidades de los miembros.

Principalmente, se reducen a tres:

1.ª la utilidad de la Iglesia y del propio instituto;

2.ª la garantía de que se podrá guardar debidamente el espíritu y cumplir los fines propios;

3.ª que podrá disponerse de medios suficientes para su mantenimiento.

4. Efectos que surte el consentimiento del Obispo (c. 611, 1.° y 2.°)

El consentimiento del Obispo diocesano para erigir una casa de un instituto religioso lleva consigo el derecho de:

1.° vivir según el carácter y los fines propios del instituto;

2.° realizar conforme a la norma del derecho las obras propias del instituto, respetándose las condiciones puestas al otorgar el consentimiento;

Se supone que van incluidos todos los derechos que competen a los laicos y a los miembros de los otros institutos de vida consagrada, compatibles con los propios. El derecho a tener iglesia ya está reconocido en el canon 608.

5. Cuando se cambia la finalidad de las obras de la comunidad (c. 612)

Se requiere el consentimiento del Obispo diocesano para que una casa religiosa pueda destinarse a obras apostólicas distintas de aquellas para las que se constituyó; pero no si se trata de un cambio que, quedando a salvo las leyes de fundación, afecte sólo al gobierno y disciplina interna.

Se necesitaría permiso, por ejemplo, para convertirla de hospital en colegio. No, en cambio, para transformarla en casa de formación.

6. Supresión de una casa religiosa (c. 616, 1 y 2)

1. Una casa religiosa legítimamente erigida puede ser suprimida por el Superior general, de acuerdo con la norma de las constituciones y habiendo consultado al Obispo diocesano. Sobre los bienes de la casa suprimida ha de proveer el derecho propio del instituto, quedando a salvo la voluntad de los fundadores o de los donantes y los derechos legítimamente adquiridos.

2. La supresión de una casa que sea la única de un instituto corresponde a la Santa Sede, a quien también se reserva en su caso decidir sobre el destino de los bienes.

Para suprimir una casa religiosa, si pertenece a un instituto exento, ya no se requiere el beneplácito apostólico que exigía el *Ecclesiae Sanctae* (I, 34, 1).

En ningún caso, aunque se trate de casas de derecho diocesano, hace falta el *consentimiento* del Obispo; sólo se exige la consulta previa.

La razón del párrafo 2 se debe a que, en el caso aludido, equivaldría a la supresión del instituto, lo cual se reserva a la Sede Apostólica (c. 584).

Capítulo 2 · Del gobierno de los institutos

A) Superiores:

1. El oficio de superior (c. 617)

Los Superiores han de cumplir su función y ejercer su potestad a tenor del derecho propio y del universal.

2. Ejercicio eclesial y servicio pastoral de los Superiores (cc. 618 y 619)

618 *Ejerzan los Superiores con espíritu de servicio la potestad que han recibido de Dios por ministerio de la Iglesia. Por tanto, mostrándose dóciles a la voluntad de Dios en el cumplimiento de su función, gobiernen a sus súbditos como a hijos de Dios, fomentando su obediencia voluntaria, con respeto a la persona humana, escúchenles de buena gana y fomenten sus iniciativas para el bien del instituto y de la Iglesia, quedando sin embargo siempre a salvo su autoridad de decidir y de mandar lo que deba hacerse.*

619 *Los Superiores han de dedicarse diligentemente a su oficio y, en unión con los miembros que se les encomiendan, deben procurar edificar una comunidad fraterna en Cristo, en la cual, por encima de todo, se busque y se ame a Dios. Nutran por tanto a los miembros con el alimento frecuente de la palabra de Dios e indúzcanlos a la celebración de la sagrada liturgia. Han de darles ejemplo en el ejercicio de las virtudes y en la observan-*

cia de las leyes y tradiciones del propio instituto; ayúdenles convenientemente en sus necesidades personales, cuiden con solicitud y visiten a los enfermos, corrijan a los revoltosos, consuelen a los pusilánimes y tengan paciencia con todos.

Estos cánones son toda una síntesis del ejercicio eclesial y del servicio pastoral de las Superioras. Su contenido es casi una transcripción literal del Decreto *Perfectae caritatis* (n. 14). A ellas, pues, incumbe, no sólo cuanto atañe al bien del instituto y a que éste alcance los fines que le son propios, sino sobre todo la realización integral de las personas que han sido confiadas a su cuidado pastoral. El respeto y la iniciativa de los individuos se conjugan en este canon con la obediencia y el ejercicio de la autoridad; la comunidad fraterna con el crecimiento individual mediante la Palabra y el Sacramento; la observancia de las normas con la vivencia carismática; las necesidades materiales con las dificultades espirituales y las posibles anomalías psíquicas. Siempre y en todo apoyadas en el espíritu de la Iglesia y de la vida consagrada, pero sobre todo en el del propio instituto.

3. **Superiores mayores** (c. 620)

Son Superiores mayores aquellos que gobiernan todo el instituto, una provincia de éste u otra parte equiparada a la misma, o una casa independiente, así como sus vicarios. A éstos se añaden el Abad Primado y el Superior de una congregación monástica, los cuales, sin embargo, no tienen toda la potestad que el derecho universal atribuye a los Superiores mayores.

La novedad es que las vicarias generales y provinciales y las de partes del instituto *que se equiparan a* las provincias, como comisariatos, custodias, delegaciones, etc., son por derecho Superioras mayores, aun cuando *in actu* no estén haciendo las veces de tal.

4. **Concepto de Provincia** (c. 621)

Se llama provincia al conjunto de varias casas erigido canónicamente por la autoridad legítima que forma parte inmediata de un instituto, bajo un mismo Superior.

No basta la simple unión o interrelación entre grupos de casas; es preciso que formalmente se erijan como provincia.

5. **Potestad del Moderador supremo** (c. 622)

El Superior general tiene la potestad, que ha de ejercer según el derecho propio, sobre todas las provincias, casas y miembros del instituto; los demás Superiores la tienen dentro de los límites de su cargo.

6. **Tiempo de profesión perpetua para ser elegido Superior** (c. 623)

Para que los miembros sean nombrados o elegidos válidamente para el cargo de Superior se requiere que desde su profesión perpetua o definitiva haya transcurrido un tiempo conveniente, determinado en el derecho propio o, cuando se trate de Superiores mayores, por las constituciones.

Ya no es impedimento, como se establecía en el Código anterior, la ilegitimidad ni se requiere una edad fija para los cargos de Superiora general y provincial. El Código es más amplio que el mismo Derecho postconciliar (Decreto *Ad instituenda*, n. 3), que exigía determinada edad. En adelante, la edad de las Superioras mayores deberán fijarla las constituciones generales; la de las otras Superioras, el derecho propio. En todo caso, no sean elegidas sino después de un tiempo prudencial de profesión perpetua. Téngase en cuenta, no sólo la tradición histórica o institucional del instituto, sino también el bien de la comunidad y del propio instituto.

7. **Duración en el cargo** (c. 624)

1. Los Superiores han de ser nombrados por un tiempo determinado y conveniente, según la naturaleza y necesidades del instituto, a no ser que las constituciones establezcan otra cosa por lo que se refiere al Superior general o a los Superiores de una casa autónoma.

2. El derecho propio debe proveer mediante adecuadas normas para que los Superiores nombrados por un periodo determinado no desmpeñen cargos de gobierno durante largo tiempo y sin interrupción.

3. Pueden, sin embargo, ser removidos del cargo que ejercen o ser trasladados a otro, por las causas determinadas en el derecho propio.

La movilidad que el Código confiere al oficio de Superiora es de una gran eficacia pastoral: el que se constituyan para un tiempo cierto y conveniente, el que no se prolonguen indefinidamente en el cargo, y el que puedan ser removidas o trasladadas por causas que establezca el derecho propio, y que no tienen por qué revestir el carácter de sanción, sino el del bien personal o el institucional del instituto. El Código se remite al derecho particular y queda, por lo tanto, sin vigencia la facultad que se otorgaba a las Superioras generales en el Decreto *Religionum laicalium* (I, 8), de confirmar a las Superioras locales para un tercer trienio.

8. **Elección de los Superiores** (c. 625)

1. El Superior general de un instituto ha de ser nombrado por elección canónica, de acuerdo con las constituciones.

2. El Obispo de la sede principal preside la elección del Superior del monasterio autónomo, del que trata el can. 615, y del Superior general de un instituto de derecho diocesano.

3. Los demás Superiores deben ser nombrados de acuerdo con las constituciones, de manera que, si son elegidos, necesitan la confirmación del Superior mayor competente; y, si son nombrados por el Superior, preceda una consulta apropiada.

La elección de la Superiora general de un instituto diocesano la preside el Obispo de la diócesis (no se dice Ordinario del lugar) donde está ubicada la casa principal del instituto. Si el capítulo electivo se celebra en otra diócesis, el Obispo a quien compete puede delegar su facultad o presidirlo él mismo, notificándolo por cortesía al Obispo del lugar.

Cuando las Superioras inferiores, a tenor de las constituciones, no son elegidas sino nombradas por la Superiora mayor o su Consejo, se requiere que previamente consulte, ya a los miembros de la fraternidad respectiva ya también a otras personas que puedan asesorarla.

9. **Cómo se ha de proceder al conferir o elegir oficios** (c. 626)

Tanto los Superiores al conferir los oficios como los miembros en las elecciones han de observar las normas del derecho universal y del propio, y deben abstenerse de cualquier abuso y acepción de personas y, teniendo presente únicamente a Dios y el bien del instituto, nombrarán o elegirán a quienes consideren en el Señor verdaderamente dignos y capaces. En las elecciones, por lo demás, evitarán captar votos, directa o indirectamente, tanto para sí mismos como para otros.

Si el derecho propio no establece otras normas particulares, las de derecho universal pueden verse en los cánones 164-179 (elección) y 180-183 (postulación).

Las sabias cautelas que establece este canon afectan por igual a quienes presiden la elección como a quienes participan en ella: abstenerse de cualquier abuso de poder y acepción de personas, buscar la voluntad de Dios y el bien del instituto, elegir a las que juzguen ser más idóneas, así como evitar decididamente cualquier manipulación directa o indirecta de los votos.

10. **Residencia de los Superiores** (c. 629)

Los Superiores residan en su propia casa, y no se ausenten de ella si no es a tenor del derecho propio.

El canon 1396 establece que «quien incumple gravemente la obligación de residir a la que está sujeto en razón de un oficio eclesiástico, debe ser castigado con una pena justa, sin excluir, después de la amonestación, la privación del oficio».

B) Consejos:

1. **Debe existir el Consejo** (c. 627, 1)

Conforme a la norma de las constituciones, los Superiores tengan su consejo propio, de cuya colaboración deben valerse en el ejercicio de su cargo.

2. **«Consentimiento» o sólo «consejo»** (c. 627, 2)

Además de los casos prescritos en el derecho universal, el derecho propio determinará las ocasiones en las que, para actuar válidamente, se requiere el consentimiento o el consejo que habrá de pedirse conforme a la norma del can. 127.

El canon 127 dispone las normas generales, que pueden ser modificadas por el derecho propio, en cuanto a convocatoria, consentimiento para la validez, consejo para la licitud, sufragios, etc.

C) Visita canónica:

1. **De los Superiores, en general** (c. 628, 1)

Los Superiores designados para esta función por el derecho propio del instituto visitarán en los momentos establecidos las casas y a los miembros encomendados a su cuidado, según las prescripciones del mismo derecho propio.

El derecho propio deberá establecer a qué Superioras compete hacerla, cada cuanto tiempo y a qué ámbito se extiende (personas, casas, cosas...).

2. **Del Obispo** (c. 628, 2-2)

El Obispo diocesano tiene el derecho y el deber de visitar, también por lo que se refiere a la disciplina religiosa, todas las casas de un instituto de derecho diocesano que se encuentren dentro de su territorio.

Los institutos de derecho diocesano son visitados por el Obispo incluso en lo que se refiere a la disciplina religiosa. Cada Obispo visita las casas establecidas en su propia diócesis.

3. **Comportamiento de los religiosos para con el Visitador** (c. 628, 3)

Los miembros han de tratar confiadamente con el visitador, y responder según verdad y con caridad cuando les pregunte algo legítimamente; y a nadie se permite obstaculizar de cualquier modo que los miembros cumplan con esta obligación o impedir de otra manera la finalidad de la visita.

D) El sacramento de la Penitencia en las comunidades religiosas:

1. **Libertad de recibirlo** (c. 630, 1)

Los Superiores han de dejar a los miembros la debida libertad por lo que se refiere al sacramento de la penitencia y a la dirección espiritual, sin perjuicio de la disciplina del instituto.

Las religiosas, por estar unidas de manera peculiar a la Iglesia, estimen en gran manera el sacramento de la Penitencia por el cual se obtiene de Dios el perdón y se efectúa la reconciliación con la Iglesia. Así se expresa el Decreto *Dum canonicarum* de la Sagrada Congregación para los Religiosos, del 8 de diciembre de 1970. El cual, a su vez, exhorta al aprecio de este sacramento y a acercarse con frecuencia al mismo.

El Código reconoce una gran libertad para las conciencias sin otra restricción que lo que pueda dañar la disciplina del instituto.

2. Confesores:

a) Idoneidad (c. 630, 2)

De acuerdo con la norma del derecho propio, los Superiores han de mostrarse solícitos para que los miembros dispongan de confesores idóneos, con los que puedan confesarse frecuentemente.

Ya no se requiere especial jurisdicción o nombramiento por parte de la autoridad eclesiástica para ser confesores de religiosas (cf. *Dum canonicarum,* 4, a).

b) Confesores ordinarios (c. 630, 3)

En los monasterios de monjas, casas de formación y comunidades laicales más numerosas, ha de haber confesores ordinarios aprobados por el Ordinario del lugar, después de un intercambio de pareceres con la comunidad, pero sin imponer la obligación de acudir a ellos.

Es significativa la corresponsabilidad que el Código reconoce en la selección y designación de confesores.

Desaparece la obligación de acudir a los confesores nombrados, siquiera sea para pedirles su bendición, como también las otras figuras de confesores (ocasionales, extraordinarios...), el nombramiento especial por parte del Ordinario del lugar, la duración en el oficio, la edad, etc.

3. Relación espiritual Superior-súbdito (c. 630, 5)

Los miembros deben acudir con confianza a sus Superiores, a quienes pueden abrir su corazón libre y espontáneamente. Sin embargo, se prohibe a los Superiores inducir de cualquier modo a los miembros para que les manifiesten su conciencia.

E) Capítulos:

Debe rechazarse la idea, muy generalizada, de que los capítulos no tienen otra finalidad que la de elegir a la Superiora y demás autoridades. Por el contrario, los capítulos deben suponer un momento fuerte de revisión profunda de la vivencia del propio patrimonio espiritual, promoviendo los medios adecuados para la defensa del mismo y para la renovación constante de la vida de los miembros de acuerdo con dicho patrimonio.

Esta tarea, llevada a fondo con ocasión de los capítulos (más solemnes) electivos, debe luego continuarse, con regular periodicidad, en los llamados capítulos o reuniones conventuales o locales.

1. El capítulo general:

a) Autoridad y finalidad (c. 631, 1)

El capítulo general, que ostenta la autoridad suprema en el instituto de acuerdo con las constituciones, debe constituirse de manera que, representando a todo el instituto, sea un verdadero signo de su unidad en la caridad. Le compete sobre todo defender el patrimonio del instituto, del que trata el can. 578, y procurar la acomodación y renovación de acuerdo con el mismo, elegir al Superior general, tratar los asuntos más importantes, así como dictar normas que sean obligatorias para todos.

Respecto a los capítulos, el Decreto *Perfectae caritatis* se había expresado del siguiente modo: «Los capítulos y consejos cumplan fielmente el cargo de gobierno que se les ha confiado y expresen, cada uno a su modo, la participación y cuidado de todos por el bien de toda la comunidad» (n. 14). Más tarde el Motu Proprio *Ecclesiae Sanctae* considera imprescindible la cooperación de todos, que se hace patente en los capítulos, para la adecuada renovación del instituto. De este modo, dice, todos los religiosos desempeñan un papel más eficaz y el ejercicio de la autoridad se hace más eficiente y ágil, conforme a las exigencias de los tiempos actuales (II, 2 y 18).

b) Potestad, orden, elecciones (c. 631, 2)

Se han de determinar en las constituciones la composición y el ámbito de potestad del capítulo; el derecho propio establecerá también el modo de proceder en la celebración del capítulo, sobre todo respecto a las elecciones y manera de llevar los asuntos.

c) Cooperación y corresponsabilidad de todos los miembros (c. 631, 3)

Según las normas determinadas en el derecho propio, no sólo las provincias y las comunidades locales, sino también cada miembro, pueden enviar libremente sus deseos y sugerencias al capítulo general.

2. Contenido de los capítulos (c. 632)

El derecho propio ha de determinar con precisión qué materias corresponden a otros capítulos del insituto o a asambleas semejantes, por lo que se refiere a su naturaleza, autoridad, composición, modo de proceder y tiempo en el que deben celebrarse.

En este canon se regula lo referente a los capítulos provinciales y locales y a otras reuniones semejantes a ellos. Este género de capítulos es un medio que aporta la nueva legislación para facilitar la participación y corresponsabilidad de todas las religiosas en la marcha y desarrollo del instituto, aspecto éste en el que insiste nuevamente el canon siguiente.

3. Organos de los capítulos y representación (c. 633, 1)

Los órganos de participación o de consulta han de cumplir fielmente la función que les corresponde, de acuerdo con la norma del derecho universal y del propio y, cada uno a su modo, serán cauce de la solicitud y participación de todos los miembros en lo que se refiere al bien del instituto o de la comunidad.

4. Discreción y autenticidad (c. 633, 2)

Al establecer y hacer uso de estos medios de participación y de consulta, debe observarse una prudente discreción, y el modo de proceder de los mismos ha de ser conforme al carácter y al fin del instituto.

F) Bienes temporales y su administración:

Los bienes de los religiosos son bienes eclesiásticos en el sentido del canon 1257, 1 y, por ello, para todo lo referente a su administración deben guardarse las normas del Libro V del Código (c. 635, 1). En este apartado sólo reproducimos las que se refieren a aspectos muy concretos o a determinadas modalidades dentro del tratado de religiosos.

1. **Bienes de un instituto suprimido** (c. 584)

Compete exclusivamente a la Sede Apostólica suprimir un instituto, y también se reserva a ella el dictar disposiciones acerca de los bienes temporales del mismo.

2. **Bienes de una casa suprimida** (c. 616, 1 y 2)

1. Una casa religiosa legítimamente erigida puede ser suprimida por el Superior general, de acuerdo con la norma de las constituciones y habiendo consultado al Obispo diocesano. Sobre los bienes de la casa suprimida ha de proveer el derecho propio del instituto, quedando a salvo la voluntad de los fundadores o de los donantes y los derechos legítimamente adquiridos.

2. La supresión de una casa que sea la única de un instituto corresponde a la Santa Sede, a quien también se reserva en su caso decidir sobre el destino de los bienes.

3. **Capacidad jurídica de los diversos entes religiosos** (c. 634)

1. Los institutos, las provincias y las casas, como personas jurídicas que son de propio derecho, tienen capacidad de adquirir, poseer, administrar y enajenar bienes temporales, a no ser que esta capacidad quede excluida o limitada por las constituciones.

2. Han de evitar, sin embargo, cualquier apariencia de lujo, lucro inmoderado y acumulación de bienes.

La exhortación a la discreción y a la pobreza son una constante que se repite en los documentos tanto conciliares como postconciliares, que el Código ha recogido concisa pero expeditamente. Baste citar el *Perfectae caritatis,* donde, después de expresar que la pobreza es un signo hoy particularmente muy estimado y que debe ser cultivada diligentemente por los religiosos, se afirma: «Aunque los institutos, salvo sus reglas y constituciones, tengan derecho de poseer todo lo necesario para la vida temporal y las obras, eviten, sin embargo, toda especie de lujo, de lucro inmoderado y de acumulación de bienes».

Y todo esto con una particularidad excepcional: que no deben contentarse con la pobreza individual profesada, sino que pesa sobre ellos la obligación y responsabilidad graves, ante la Iglesia y ante el mundo, de ser signo visible de la pobreza de Cristo mediante el *testimonio colectivo* de pobreza y *la práctica* generosa *del compartir.* (Véanse: *Perfectae caritatis,* n. 13; *Ecclesiae sanctae,* II, 23; y también en el Código, de una manera explícita, más adelante, en el canon 640).

El canon 634 no conoce otras limitaciones a la capacidad jurídica de los institutos, en esta materia de bienes temporales, que las impuestas por las constituciones generales de cada instituto y la urgencia de la pòbreza evangélica, no sólo profesada sino llevada a la vida real.

En cuanto a la capacidad legal dentro de la legislación civil española véase el capítulo anejo, III, pág. 172.

4. Derecho por el que se rigen los bienes de los religiosos:

a) Régimen general (c. 635, 1)

Los bienes temporales de los institutos religiosos, al ser bienes eclesiásticos, se rigen por las prescripciones del Libro V, De los bienes temporales de la Iglesia, *a no ser que se establezca expresamente otra cosa.*

b) Régimen particular (c. 635, 2)

Sin embargo, cada instituto debe establecer normas convenientes sobre el uso y administración de los bienes, con las que fomente, defienda y manifieste la pobreza que le es propia.

c) Administración ordinaria y extraordinaria (c. 638, 1)

Dentro de los límites del derecho universal, corresponde al derecho propio determinar cuáles son los actos que sobrepasan la finalidad y el modo de la administración ordinaria, así como también establecer los requisitos necesarios para realizar válidamente un acto de administración extraordinaria.

Administración ordinaria es aquella para la cual las encargadas no necesitan mandato especial, ni su actuación debe ir precedida de un acuerdo del Consejo.

5. **Nombramiento de administradores** (c. 636, 1)

En cada instituto, e igualmente en cada provincia que gobierna un Superior mayor, haya un ecónomo distinto del Superior mayor y nombrado a tenor del derecho propio, que lleve la administración de los bienes bajo la dirección del Superior respectivo. También en las comunidades locales constitúyase, en cuanto sea posible, un ecónomo distinto del Superior local.

Las Superioras no pueden ejercer simultáneamente el cargo de ecónoma o administradora, aunque son a ellas a quienes corresponde la dirección y supervisión de toda la administración, con o sin el Consejo según esté establecido. También les es permitido a las Superioras realizar actos jurídicos de administración ordinaria (c. 638, 2).

6. **Rendimiento de cuentas** (c. 636, 2)

En el tiempo y modo determinados por el derecho propio, los ecónomos y demás administradores han de rendir cuentas de su administración a la autoridad competente.

7. **Encargados de gastos y otros actos jurídicos** (c. 638, 2)

Además de los Superiores, realizan válidamente gastos y actos jurídicos de administración ordinaria, dentro de los límites de su cargo, los encargados para esta función por el derecho propio.

8. **Enajenaciones** (c. 638, 3)

Para la validez de una enajenación o de cualquier operación en la cual pueda sufrir perjuicio la condición patrimonial de una persona jurídica, se requiere la licencia del Superior competente dada por escrito, con el consentimiento de su consejo. Pero si se trata de una operación en la que se supere la suma determinada por la Santa Sede para cada región, o de bienes donados a la Iglesia, a causa de un voto, o de objetos de gran precio por su valor artístico o histórico, se requiere además la licencia de la misma Santa Sede.

La Superiora, además de dar el permiso por escrito, actúa inválidamente sin el consentimiento de su Consejo.

En este canon se amplía a la «Superiora competente» la facultad que, en la legislación postconciliar se reservaba a la «Superiora general» (cf. Decreto *Religionum laicalium* de la Sagrada Congregación de Religiosos, del 31 de mayo de 1966, I, 2).

9. **Necesidad del consentimiento del Ordinario** (c. 638, 4)

Los monasterios autónomos de los que trata el can. 615 y los institutos de derecho diocesano necesitan además obtener el consentimiento del Ordinario del lugar, otorgado por escrito.

El consentimiento del Ordinario del lugar no suple los otros requisitos establecidos en los párrafos anteriores.

10. **Deudas y obligaciones de la comunidad o de los individuos** (c. 639)

1. Si una persona jurídica contrae deudas y obligaciones, aunque lo haga con licencia de los Superiores, debe responder de las mismas.

2. Si las contrae un miembro sobre sus propios bienes con licencia del Superior, responde aquél personalmente, pero si realizó un negocio del instituto con mandato del Superior, debe responder el instituto.

3. Si las contrae un religioso sin ninguna licencia de los Superiores, responde él personalmente, y no la persona jurídica.

4. Pero quede claro que puede siempre entablarse acción contra aquel que aumentó su patrimonio a causa del contrato realizado.

5. Cuiden los Superiores religiosos de no permitir que se contraigan deudas, a no ser que conste con certeza que con las rentas habituales se podrá pagar el interés y devolver el capital por legítima amortización dentro de un periodo de tiempo no demasiado largo.

Se determina en este canon a quienes se ha de imputar las consecuencias de deudas u obligaciones contraídas por Superioras o súbditas, en nombre propio o en el del instituto, así como la responsabilidad que de todo ello se derive.

11. Testimonio colectivo de pobreza y obligación de compartir (c. 640)

Teniendo en cuenta las circunstancias de los distintos lugares, los institutos esfuércense en dar testimonio, de algún modo colectivo, de caridad y pobreza y, en la medida de lo posible, han de destinar algo a las necesidades de la Iglesia y al sustento de los pobres.

El voto de pobreza está afirmado en la tradición eclesiástica y, como tal, canonizado en la legislación universal de la Iglesia. Ningún instituto, pues, puede, dentro de la Iglesia católica, cambiarlo por otro más o menos equivalente, aunque por él aparezca más relevante la pobreza evangélica, por ejemplo, por el voto de «compartir». Nada impide, sin embargo, que éste se añada a los tres tradicionales asumidos por la Iglesia.

En cuanto a la aportación para las necesidades de la Iglesia y al precepto evangélico del compartir, muchos institutos han adoptado la norma de asignar un tanto por ciento de sus ingresos netos para tales fines. Véase el comentario al canon 222 y 634 en las páginas 31 y 67 (cf. *Evangelica testificatio*, n. 18).

Capítulo 3 - De la admisión de los candidatos y de la formación de miembros

A) Admisión al noviciado:

1. Derecho de admisión (c. 641)

El derecho a admitir candidatos al noviciado compete a los Superiores mayores, conforme a la norma del derecho propio.

El derecho común nada dice del Postulantado ni de la etapa prenovicial. El derecho de cada instituto deberá precisar los medios de selección de las aspirantes, así como la preparación que estime necesaria para empezar el noviciado.

Este periodo prenovicial es de la mayor importancia. «En la mayor parte de los casos se ve claro que es indispensable una progresiva adaptación espiritual y psicológica, que prepara el ánimo a la separación del medio ambiente y de las costumbres seculares» (*Renovationis causam,* I, 4).

Transcribimos, por su especial interés, los principios que el citado documento enumera en torno a esta etapa inicial de la vida religiosa (II, 11):

I.—Esta previa probación tiene por objeto: permitir formar un juicio sobre la aptitud y vocación del candidato; comprobar el nivel de su instrucción religiosa y, en caso necesario, completarla en la medida conveniente y, por último, hacer gradualmente la transición de la vida secular a la propia del noviciado.

II.—Durante el tiempo de esta probación se debe averiguar de un modo especial si el candidato a la vida religiosa posee la madurez humana y afectiva suficiente, de modo que dé esperanzas de que será capaz de cumplir bien las obligaciones del estado religioso, y de que continuará progresando en él, especialmente durante el noviciado, hacia una madurez más completa.

III.—Si en algún caso particularmente difícil, el Superior juzga que es necesario consultar —supuesto el libre consentimiento del interesado— a un psiquiatra verdaderamente perito, prudente y recomendable por sus principios morales, es preferible, para la mayor eficacia del examen, que esto tenga lugar transcurrida ya una parte notable del tiempo de probación, a fin de que el especialista pueda dar su dictamen fundado en la experiencia.

2. Condiciones para la admisión:

a) Condiciones generales (c. 642)

Con vigilante cuidado, los Superiores admitirán tan sólo a aquellos que, además de la edad necesaria, tengan salud, carácter adecuado y cualidades suficientes de madurez para abrazar la vida propia del instituto; estas cualidades de salud, carácter y madurez han de probarse, si es necesario, con la colaboración de peritos, quedando a salvo lo establecido en el can. 220.

Es uno de los cánones más relevantes de toda esta parte dedicada a los institutos de vida consagrada, porque pone de manifiesto el interés de la Iglesia para que quienes abrazan este género de vida ofrezcan la mayor garantía de aptitud humana en toda su integridad: edad, salud, madurez, equilibrio, etc.

«El candidato a la vida religiosa debe hacer el noviciado cuando, teniendo conciencia clara del llamamiento divino, haya alcanzado una tal madurez espiritual y humana que le permita tomar la decisión de responder a dicho llamamiento con la responsabilidad y la libertad suficientes» (*Renovationis causam,* n. 4).

En cuanto a la edad, «no se exige necesariamente que el candidato esté ya en condiciones de cumplir todas las obligaciones de la vida religiosa y las obras del propio instituto, pero sí que se le juzgue apto para llegar a ello progresivamente» (Ib.).

La alusión aquí al canon 220 intenta prevenir que, al realizar comprobaciones especiales, se lesione la buena fama o se desvele la propia intimidad de la persona, las cuales, a tenor del derecho, son inviolables.

Se remite al derecho propio de cada instituto el determinar lo referente a los ejercicios espirituales que deben hacer las aspirantes antes de comenzar el noviciado, o las novicias antes de emitir la profesión de votos temporales. El Decreto *Ad instituenda* (n. 5) establece un mínimum de cinco días. (Cf. c. 6, 1).

b) Condiciones para la validez (c. 643)

1. Es admitido inválidamente al noviciado:

1.º quien aún no haya cumplido diecisiete años;

2.º un cónyuge, durante el matrimonio;

3.º quien se halla en ese momento ligado por un vínculo sagrado con algún instituto de vida consagrada o se ha incorporado a una sociedad de vida apostólica, sin perjuicio de lo que prescribe el can. 684;

4.° quien entra en el instituto inducido por violencia, miedo grave o dolo, o aquel a quien el Superior admite inducido de ese mismo modo;

5.° quien haya ocultado su incorporación a un instituto de vida consagrada o a una sociedad de vida apostólica.

2. El derecho propio puede añadir otros impedimentos, también para la validez de la admisión, o imponer otras condiciones.

La edad tiene que estar cumplida a tenor del Derecho Canónica, es decir, no se computa el día de nacimiento, porque éste, en derecho, no coincide con el principio del día. Según esto, el noviciado podría comenzar al día siguiente del cumpleaños. (Cf. c. 203, pág. 23).

El número 5.° supone que quien ha pertenecido a otro instituto de vida consagrada, aunque hubiese salido legítimamente del mismo, debe manifestarlo antes de ingresar válidamente en el nuevo noviciado.

Ya no es impedimento la ilegitimidad ni siquiera en las modalidades que el Decreto *Religionum laicalium* (I, 1) reservaba a la dispensa de la Superiora general del instituto.

El derecho propio puede establecer otros impedimentos para la validez del noviciado, o condiciones que afecten sólo a la licitud.

c) **Los que tienen deudas económicas** (c. 644)

Los Superiores no admitan como novicios a clérigos seculares sin consultar a su Ordinario propio, ni a quienes hayan contraído deudas que no puedan pagar.

Esta prohibición no afecta a la validez del noviciado. Si ha ocultado su estado de deudas, es ella quien debe responder; si, por el contrario, ha ingresado con conocimiento de la Superiora; ésta asume para el instituto las cargas que gravan al sujeto.

3. **Testimoniales** (c. 645)

1. Antes de su admisión en el noviciado, los candidatos deben presentar certificado de bautismo y de confirmación, así como de su estado libre.

2. Si se trata de recibir a clérigos o a aquellos que hubieran sido admitidos en otro instituto de vida con-

sagrada, en una sociedad de vida apostólica o en un seminario, se requiere además, respectivamente, un informe del Ordinario del lugar o del Superior mayor del instituto o sociedad, o del rector del seminario.

3. El derecho propio puede exigir otros informes sobre la idoneidad de los candidatos y su carencia de impedimentos.

4. Los Superiores pueden pedir también, si les parece necesario, otras informaciones, incluso bajo secreto.

No se trata de «testimoniales» propiamente dichas en el sentido del anterior Código, sino de informaciones que garanticen al máximo la capacidad y aptitud de las aspirantes.

Si no consta con certeza del estado libre de la aspirante, debe exigírsele el certificado correspondiente del Juzgado.

Ya no urge la obligación de explorar la voluntad de las aspirantes, que antes se exigía y que ya fue abolida por el Dercerto *Ad instituenda* (n. 7).

B) El noviciado y la formación de los novicios:

1. Finalidad del noviciado (c. 646)

El noviciado, con el que comienza la vida en un instituto, tiene como finalidad que los novicios conozcan más plenamente la vocación divina, particularmente la propia del instituto, que prueben el modo de vida de éste, que conformen la mente y el corazón con su espíritu y que puedan ser comprobados su intención y su idoneidad.

El canon 646 es de una densidad excepcional. Ante todo, el noviciado es el comienzo de la vida religiosa en un instituto concreto. Se supone en la novicia una opción ya hecha; ahora la aspirante debe experimentar si la realidad responde a esa opción.

«La vida religiosa comienza en el noviciado. Este, sea cual fuere el fin peculiar de la Religión, tiene como objeto principal el que el novicio aprenda las exigencias esenciales y primarias de la vida religiosa, y que en orden a conseguir la perfección de la caridad se ejercite en la práctica de los consejos evangélicos...» (*Renovationis causam,* II, 13-I).

El noviciado tiene una finalidad que el canon detalla de un modo casi exhaustivo:

1.° profundizar en la vocación divina en un estilo concreto de vida;
2.° experimentar la forma de vida propia del instituto;
3.° asimilar el patrimonio espiritual del mismo;
4.° comprobar la autenticidad de su propósito y el alcance de sus posibilidades;
5.° demostrar su idoneidad.

2. Erección de la casa del noviciado (c. 647, 1)

La erección, traslado y supresión de la casa del noviciado deben hacerse mediante decreto escrito del Superior general del instituto, con el consentimiento de su consejo.

3. Obligación de hacer el noviciado en la casa erigida para ello (c. 647, 2 y 3)

2. Para que el noviciado sea válido, debe realizarse en una casa debidamente destinada a esta finalidad. En casos particulares y a modo de excepción, por concesión del Superior general con el consentimiento de su consejo, un candidato puede hacer el noviciado en otra casa del instituto, bajo la dirección de un religioso experimentado, que haga las veces de maestro de novicios.

3. El Superior mayor puede permitir que el grupo de los novicios habite, durante determinados periodos de tiempo, en otra casa del instituto designada por él mismo.

Si el cambio de casa afecta no a una novicia sino a todas, puede permitirlo la Superiora mayor. Si se trata de una sola novicia, explíquese el párrafo 2, a menos que sea ella la única novicia existente en el noviciado.

4. Tiempo del noviciado (cc. 648 y 649, 2)

648 *1. Para su validez, el noviciado debe durar doce meses transcurridos en la misma comunidad del noviciado, quedando a salvo lo que prescribe el can. 647, § 3.*

2. Para completar la formación de los novicios, además del tiempo establecido en el § 1, las constituciones pueden prescribir uno o más periodos de ejercicio del apostolado fuera de la comunidad del noviciado.

3. El noviciado no debe durar más de dos años.

649 *2. Con la venia del Superior mayor competente, puede anticiparse la primera profesión, pero no más de quince días.*

La finalidad de esos periodos de apostolado es para que la novicia conozca *in situ* las obras propias del instituto y pueda apreciar mejor su capacidad y disponibilidad para asumir en su día tales obras.

5. **Ausencias de la casa del noviciado** (c. 649, 1)

Quedando a salvo lo que prescriben los cann. 647, § 3 y 648, § 2, la ausencia por más de tres meses, continuos o con interrupciones, de la casa del noviciado, hace que éste sea inválido. La ausencia que supere quince días debe suplirse.

La ausencia que supere los quince días debe suplirse. Una ausencia de tres meses, continuos o a intervalos, invalida el noviciado. No se consideran ausencias:

— el tiempo que todas las novicias, con permiso de la superiora mayor, pasan en otra casa del instituto;

— ni los periodos dedicados a experiencias apostólicas en los institutos que tienen por derecho propio más de un año de noviciado.

En cualquier caso, deben permanecer doce meses en la comunidad del noviciado, los cuales sólo admiten la disminución de quince días, o por simple ausencia justificada o porque la primera profesión se adelanta esos días.

6. **Maestro de novicios y sus colaboradores (cc. 650 y 651)**

650 *1. La finalidad del noviciado exige que los novicios se formen bajo la dirección de un maestro, según el plan de formación que debe determinar el derecho propio.*

2. El gobierno de los novicios se reserva en exclusiva al maestro, bajo la autoridad de los Superiores mayores.

651 *1. El maestro de novicios ha de ser un miembro del instituto, profeso de votos perpetuos y legítimamente designado.*

2. Si fuera necesario, al maestro se le pueden dar ayudantes, que dependan de él en lo que se refiera a la dirección del noviciado y al plan de formación.

3. Para atender a la formación de los novicios deben destinarse miembros cuidadosamente preparados, que, sin estar impedidos por otros trabajos, puedan cumplir sus funciones con fruto y de manera estable.

La Superiora local no tiene autoridad sobre la disciplina interna del noviciado, sino únicamente en lo que afecta al orden externo de la comunidad.

Las colaboradoras conviene que sean miembros de la comunidad, mas no por pertenecer a ésta se consideran automáticamente colaboradoras de la maestra en el sentido del derecho.

En todo caso, de algún modo, toda la comunidad puede y debe considerársela como corresponsable de la formación de las novicias. De aquí la selección que deben hacer las Superioras al formar tales comunidades.

7. **Funciones del maestro** (c. 652, 1)

Corresponde al maestro y a sus cooperadores discernir y comprobar la vocación de los novicios, e irles formando gradualmente para que vivan la vida de perfección propia del instituto.

8. **Contenido del noviciado** (c. 652, 2)

Estimúlese a los novicios para que vivan las virtudes humanas y cristianas; se les debe llevar por un camino de mayor perfección mediante la oración y la abnegación de sí mismos; instrúyaseles en la contemplación del misterio de la salvación y en la lectura y meditación de las sagradas Escrituras; se les preparará para que celebren el culto de Dios en la sagrada liturgia; se les formará para llevar una vida consagrada a Dios y a los hombres en Cristo por medio de los consejos evangélicos; se les instruirá sobre el carácter, espíritu, finalidad, disciplina, historia y vida del instituto; y se procurará imbuirles de amor a la Iglesia y a sus sagrados Pastores.

He aquí el programa completo de lo que debe contener la «ratio instructionis» del noviciado:

— madurez humana y cristiana;

— iniciación a la vida ascética;

— profundización y contemplación del misterio de la salvación mediante el estudio y meditación de la palabra de Dios;

— vida litúrgica;

— vivencia progresiva del compromiso que comportan los consejos evangélicos;

— conocimiento, llevado a la práctica, del patrimonio espiritual del instituto (c. 578);

— amor a la Iglesia y a los sagrados Pastores.

9. **Actitud de los novicios** (c. 652, 3)

Los novicios, conscientes de su propia responsabilidad, han de colaborar activamente con el maestro, de manera que respondan fielmente a la gracia de la vocación divina.

10. **Corresponsabilidad de todo el instituto** (c. 652, 4)

Los miembros del instituto han de colaborar por su parte en la formación de los novicios, con el ejemplo de su vida y con la oración.

11. **No se ocupen en quehaceres ajenos al noviciado** (c. 652, 5)

El tiempo indicado en el can. 648, § 1, debe emplearse propiamente en la formación del noviciado, y por tanto los novicios no deben ocuparse de estudios o trabajos que no contribuyan directamente a esta formación.

La prohibición se extiende no sólo a estudios profanos, sino también a cualquier género de estudios eclesiásticos que no se integren en el plan formativo del noviciado (Cf. *Renovationis causam*, 29, II).

12. **Expulsión de un novicio y abandono del noviciado** (c. 653, 1)

Un novicio puede abandonar libremente el instituto; la autoridad competente de éste puede despedirle.

Aunque se supone que siempre existirán causas justificadas para la expulsión, la Superiora no está obligada a manifestarlas a la novicia; sí a su Superiora inmediata. El derecho propio debe establecer qué Superiora es competente para tomar esta determinación.

13. Fin del noviciado. En caso de duda sobre la idoneidad del novicio (c. 653, 2)

Al terminar el noviciado, el novicio ha de ser admitido a la profesión temporal, si se le considera idóneo; en caso contrario, debe ser despedido; si queda alguna duda sobre su idoneidad, el Superior mayor puede prorrogar el tiempo de prueba de acuerdo con el derecho propio, pero no por más de seis meses.

Se entiende que esta prórroga no es admisible en los institutos que, por derecho propio, tienen dos años de noviciado.

C) La profesión religiosa:

1. Contenido de la profesión religiosa (c. 654)

Por la profesión religiosa los miembros abrazan con voto público los tres consejos evangélicos, se consagran a Dios por el ministerio de la Iglesia y se incorporan al instituto con los derechos y deberes determinados en el derecho.

El canon reproduce con una breve fórmula canónica lo que, teológicamente, desarrolla la Constitución *Lumen gentium* en su n. 44, sólo añadiendo el último elemento.

La novicia, al emitir la profesión religiosa:

1.° asume el compromiso, mediante voto público, de cumplir los tres consejos evangélicos. Voto público es aquel que se hace en nombre de la Iglesia y es aceptado por el superior legítimo (c. 1192, 1);

2.° se consagra a Dios por el ministerio de la Iglesia;

3.° se incorpora plenamente al instituto. En virtud de esta incorporación, además de lo que establece para todos los religiosos el derecho común, contrae las obligaciones y adquiere los derechos propios del instituto.

2. La profesión temporal:

a) **Duración** (c. 655)

La profesión temporal debe hacerse por el tiempo establecido en el derecho propio, no inferior a un trienio ni superior a un sexenio.

b) **Condiciones para la validez** (c. 656)

Para la validez de la profesión temporal se requiere que:

1.° el que la va a hacer haya cumplido al menos dieciocho años;

2.° haya hecho válidamente el noviciado;

3.° haya sido admitido libremente por el Superior competente con el voto de su consejo conforme a la norma del derecho;

4.° la profesión sea expresa y se haya emitido sin violencia, miedo grave o dolo;

5.° la profesión sea recibida por el Superior legítimo, personalmente o por medio de otro.

En cuanto a la edad, véase el comentario al canon 643, página 73.

c) **Prórroga del tiempo de la profesión temporal** (c. 657, 1 y 2)

1. Cumplido el tiempo para el que se hizo la profesión, el religioso que lo pida espontáneamente y sea considerado idóneo, debe ser admitido a la renovación de la profesión o a la profesión perpetua; en caso contrario, se marchará del instituto.

2. Pero si parece oportuno, el Superior competente puede prorrogar el tiempo de profesión temporal de acuerdo con el derecho propio, de manera, sin embargo, que el tiempo durante el cual un miembro permanece ligado por votos temporales no sea superior a nueve años.

Entre las causas que pueden presentarse para negarle la renovación de la profesión temporal, ha de incluirse la de enfermedad física o mental, aun contraída después de la profesión, que la hagan no idónea para vivir la vida religiosa sin perjuicio de la misma religiosa o del instituto al que pertenece. (Cf. Decreto *Dum canonicarum,* II; véase, además, más adelante el canon 689, pág. 97).

3. La profesión perpetua:

a) Anticipación del tiempo para emitirla (c. 657, 3)

La profesión perpetua puede anticiparse con causa justa, pero no más de un trimestre.

b) Condiciones para la validez (c. 658)

Además de las condiciones indicadas en el can. 656, nn. 3, 4 y 5 y de otras añadidas por el derecho propio, para la validez de la profesión perpetua, se requiere:

1.º haber cumplido al menos veintiún años;

2.º la profesión temporal previa por lo menos durante un trienio, sin perjuicio de lo que prescribe el can. 657.

Habiendo profesado a la edad mínima (18 años) y agotando todas las posibilidades de duración de profesión temporal (9 años), emitiría la profesión perpetua a los 27 años. Esto facilita grandemente la labor formativa y da márgenes suficientes a las Superioras y a las jóvenes profesas para cerciorarse de la llamada de Dios y comprometerse con plena conciencia (Cf. can. 657, 2).

D) La formación de los religiosos:

1. Necesidad y duración del periodo de formación (c. 659, 1 y 2)

1. Después de la primera profesión, la formación de todos los miembros debe continuar en cada instituto, para que vivan con mayor plenitud la vida propia de éste y cumplan mejor su misión.

2. Por tanto, el derecho propio debe determinar el plan de esta formación y su duración, atendiendo a las necesidades de la Iglesia y a las circunstancias de los hombres y de los tiempos, tal como exigen el fin y carácter del instituto.

Cada instituto, de acuerdo con los documentos emanados de la Santa Sede, debe tener su «ratio instructionis» o estatutos de formación, en los que se recoja todo lo pertinente al crecimiento espiritual y vocacional de las jóvenes profesas, y su iniciación en las obras apostólicas propias del instituto, con lo que de inserción en el mundo secular ellas lleven consigo.

El postnoviciado es un periodo fundamental para la futura vida de las religiosas. El Código emplea palabras imperativas; por lo que ningún instituto puede eximirse de esta grave obligación o acumularla a la formación que se imparte en el noviciado.

Los institutos que carecen de medios o de personal preparado para impartir esta formación, convengan con otras provincias o, incluso, con otros institutos análogos en el espíritu y en las obras apostólicas a que se dedican. En todo caso, hoy existen prácticamente en casi todos los países Institutos de vida religiosa, que se dedican, de un modo tal vez más científico, a esta formación necesaria para las religiosas. Aun los institutos que tienen métodos propios de formación deberían pasar por tales Institutos o por otras Facultades, obteniendo, si se ve conveniente, grados académicos en ciencias sagradas o civiles (Cf. c. 660, 1).

2. **Contenido metodológico** (c. 660)

1. La formación ha de ser sistemática, acomodada a la capacidad de los miembros, espiritual y apostólica, doctrinal y a la vez práctica, y también, si es oportuno, con la obtención de los títulos pertinentes, tanto eclesiásticos como civiles.

2. Durante el tiempo dedicado a esta formación no se confíen a los miembros funciones y trabajos que la impidan.

3. **La formación permanente** (c. 661)

Los religiosos continuarán diligentemente su formación espiritual, doctrinal y práctica durante toda la vida; los Superiores han de proporcionarles medios y tiempo para esto.

El Código extiende la formación de las religiosas a toda su vida. La llamada «formación permanente», que ahora empieza a ponerse en práctica en algunos institutos religiosos, debe hacerse norma general; a las Superioras se les impone que procuren los medios para que se dé y faciliten su acceso a todas las religiosas.

Capítulo 4 - De las obligaciones y derechos de los institutos y de sus miembros

1. **La suprema regla de vida** (c. 662)

Los religiosos han de tener como regla suprema de vida el seguimiento de Cristo tal y como se propone en el Evangelio y se declara en las constituciones de su propio instituto.

Transcripción de la *Lumen gentium,* donde esta norma suprema de vida religiosa se establece como el primer principio de la adecuada renovación de los institutos (n. 2, a). Para que no se quede en una formulación más o menos afortunada, el *Ecclesiae sanctae,* promulgado para llevar a cabo esa renovación, puntualiza aún más la idea, exhortando a que se fomente con mayor intensidad el estudio y la meditación de los Evangelios (II, 16, 1).

2. Ejercicios espirituales:

a) **Oración** (c. 663, 1)

La contemplación de las cosas divinas y la unión asidua con Dios en la oración debe ser primer y principal deber de todos los religiosos.

La oración y la contemplación son la primera obligación y derecho de toda religiosa y a ellos deben supeditarse todas las demás cosas temporales.

b) **Eucaristía** (c. 663, 2)

En la medida de lo posible, los miembros participarán cada día en el Sacrificio eucarístico, recibirán el Cuerpo santísimo de Cristo y adorarán al Señor presente en el sacramento.

Véase el comentario a los cc. 897 ss. (Cf. pág. 127 ss.).

c) **Lectura espiritual y liturgia de las horas** (c. 663, 3)

Dedicarán tiempo a la lectura de la sagrada Escritura y a la oración mental, celebrarán dignamente la liturgia de las horas según las prescripciones del derecho propio, quedando en pie para los clérigos la obligación de la que trata el can. 276, § 2, n. 3, y realizarán otros ejercicios de piedad.

Cf. cc. 1173-1175 (pág. 141).

d) **Culto a la Santísima Virgen** (c. 663, 4)

Tributarán un culto especial, también mediante el rezo del santo rosario, a la Virgen Madre de Dios, modelo y amparo de toda vida consagrada.

Cf. c. 1186 (pág. 142).

e) **Retiro anual** (c. 663, 5)

Observarán fielmente los tiempos anuales de retiro espiritual.

Ya no se fija un tiempo determinado. El derecho propio establecerá la duración de los Ejercicios espirituales anuales.

f) **Sacramento de la Penitencia** (c. 664)

Insistan los religiosos en la conversión de su alma a Dios, examinen su conciencia diariamente y acérquense con frecuencia al sacramento de la penitencia.

Cf. c. 630 ss. (pág. 63 ss.).

3. **Residencia: Obligación, excepciones, ausencia legítima** (c. 665)

1. Los religiosos han de residir en su propia casa religiosa, haciendo vida en común y no ausentándose de ella sin licencia del Superior. Cuando se trate de una ausencia prolongada, el Superior mayor, con el consentimiento de su consejo y con justa causa, puede permitir a un miembro que viva fuera de una casa del instituto, pero no más de un año, a no ser por motivos de enfermedad, de estudios o para ejercer el apostolado en nombre del instituto.

2. Busquen los Superiores solícitamente al miembro del instituto que se ausentare ilegítimamente de la casa religiosa con la intención de librarse de su obediencia, y ayúdenle a volver y a perseverar en su vocación.

Por razón de enfermedad, de estudios o de apostolado se permite morar fuera de la casa religiosa más de un año. Las constituciones de muchos institutos suelen, a las religiosas que se encuentran en estas circunstancias, adscribirlas a la comunidad más cercana con la que mantengan contactos periódicos. En todo caso, las Superioras deben visitarlas con frecuencia para que no se apague en ellas el espíritu y no se debiliten sus lazos de comunión con la fraternidad.

El canon 665 amplía a todas las Superioras mayores esta facultad que, en el derecho postconciliar se reservaba exclusivamente a la Superiora general (Cf. *Religionum laicalium,* I, 4).

En el Código actual no aparecen las antiguas figuras de fugitiva y apóstata de la Religión, así como la prohibición de salir solas de casa, que ya había abolido el Decreto *Ad instituenda* (n. 8) en el año 1970.

4. Empleo de los medios de comunicación social (c. 666)

Debe observarse la necesaria discreción en el uso de los medios de comunicación, y se evitará lo que pueda ser nocivo para la propia vocación o peligroso para la castidad de una persona consagrada.

Se refiere al uso pasivo de dichos medios (cine, televisión, prensa, etc.), pues de la participación activa de esos medios se habla en los cc. 822 ss.

5. Clausura (c. 667, 1)

En todas las casas se observará la clausura, adaptada al carácter y misión del instituto, según determine el derecho propio, debiendo quedar siempre reservada exclusivamente a los miembros una parte de la casa religiosa.

Ya no existe la llamada clausura papal, si no es para los monasterios de monjas, y han desaparecido las penas con que el Código anterior castigaba las transgresiones de la clausura. La redacción del canon denota, sin embargo, el interés de la

Iglesia por la separación material de una parte de la casa, dedicada exclusivamente a las religiosas, que tanto ayuda al recogimiento y a la libre expresión de la convivencia fraterna.

6. El religioso y sus bienes temporales:

a) Renuncia. Testamento (c. 668, 1)

Antes de la primera profesión, los miembros harán cesión de la administración de sus bienes a quien deseen, y, si las constituciones no prescriben otra cosa, dispondrán libremente sobre el uso y usufructo. Y antes, al menos, de la profesión perpetua, harán testamento que sea válido también según el derecho civil.

La obligación de hacer testamento urge antes de la profesión perpetua para todas las religiosas. Ya no existe, a estos efectos, la antigua distinción entre profesión perpetua simple y solemne. Puede, sin embargo, hacerse también antes de la profesión temporal.

b) Cambio de voluntad (c. 668, 2)

Necesitan licencia del Superior competente, conforme a la norma del derecho propio, para modificar estas disposiciones con causa justa, y para realizar cualquier acto en materia de bienes temporales.

El derecho propio establecerá a quién compete autorizar el cambio de voluntad. En principio, ya no se reserva a la Superiora general como lo hacía el Decreto *Religionum laicalium* de 1966 (I, 6).

c) Adquisición de nuevos bienes (c. 668, 3)

Todo lo que un religioso gane con su propio trabajo o por razón del instituto, lo adquiere para el instituto. Lo que perciba de cualquier modo en concepto de pensión, subvención o seguro, lo adquiere para el instituto, a no ser que establezca otra cosa el derecho propio.

Incluso aquello que le viniere a título personal, como pueden ser una herencia, la pensión de la Seguridad Social o el salario de su trabajo fuera del instituto. El derecho propio, sin embargo, puede establecer otra cosa, por ejemplo, que algunos de esos ingresos cedan en beneficio de los familiares de la religiosa, sobre todo si se hallan en estado de necesidad.

d) Renuncia legal antes de la profesión perpetua (c. 668, 4)

Quien, por la naturaleza del instituto, debe renunciar totalmente a sus bienes, haga esa renuncia antes de la profesión perpetua de manera que tenga efecto a partir del día de la profesión y sea válida también, si es posible, en el derecho civil. Lo mismo hará el profeso de votos perpetuos que, de acuerdo con el derecho propio, desee renunciar total o parcialmente a sus bienes, con licencia del Superior general.

El alcance de esa renuncia, si es total o se refiere sólo a la administración de los propios bienes, depende de las leyes propias del instituto. En los países donde por ley civil no es posible hacer la renuncia total, la religiosa no deja por ello de estar obligada en conciencia a actuar de acuerdo con la renuncia que lleva consigo su voto de pobreza.

Aquellas que, por constitución, no están obligadas a hacer esta renuncia pero desean hacerla, necesitan el permiso de la Superiora general.

e) Incapacidad legal para poseer del profeso perpetuo (c. 668, 5)

El profeso que, por la naturaleza del instituto, haya renunciado a todos sus bienes, pierde la capacidad de adquirir y poseer, por lo que son nulos sus actos contrarios al voto de pobreza. Lo que adquiera después de la renuncia, pertenecerá al instituto conforme a la norma del derecho propio.

No serían inválidos los actos administrativos que, con licencia de su Superiora, hubiera de realizar porque así lo exige la ley civil.

7. **Hábito religioso** (c. 669, 1)

Los religiosos deben llevar el hábito de su instituto, de acuerdo con la norma del derecho propio, como signo de su consagración y testimonio de pobreza.

El derecho propio, no sólo describe la forma del hábito, sino que suele establecer las normas para su uso, remitiendo, ordinariamente, en esto a las leyes particulares y a los usos de las diversas regiones.

8. Solicitud del instituto para con sus miembros (c. 670)

El instituto debe proporcionar a sus miembros todos los medios necesarios, según las constituciones, para alcanzar el fin de su vocación.

El alcance de esta obligación que se impone al instituto respecto a sus miembros la resume la Constitución *Lumen gentium* con las siguientes palabras: «Estas familias ofrecen a sus miembros todas las condiciones para una mayor estabilidad en su modo de vida, una doctrina experimentada para conseguir la perfección, una comunidad fraterna en la milicia de Cristo y una libertad mejorada por la obediencia, de modo que puedan guardar fielmente y cumplir con seguridad su profesión religiosa, avanzando en la vida de la caridad con espíritu gozoso» (n. 43).

9. Cargos y oficios fuera del instituto (c. 671)

Un religioso no debe aceptar sin licencia del Superior legítimo cargos u oficios fuera de su propio instituto.

La prohibición se extiende a cualesquiera cargos u oficios, incluso de carácter eclesiástico o religioso.

Capítulo 5 · Del apostolado de los institutos

Sobre la naturaleza comunitaria del apostolado religioso, véase el interesante discurso de S. S. Juan Pablo II, el 31 de mayo de 1983 a 760 Superioras generales, reunidas en la Unión Internacional de Superioras Generales, durante un congreso celebrado en Roma, en la revista «Ecclesia», n. 2.128, pp. 8-9.

1. El apostolado primordial de los religiosos (c. 673)

El apostolado de todos los religiosos consiste primeramente en el testimonio de su vida consagrada, que han de fomentar con la oración y con la penitencia.

Todo lo que aquí se dice del apostolado de las religiosas debe completarse con el Libro III del Código, que se expone y comenta más adelante (pp. 103 ss.).

El canon 673 es una definición fundamental y universal de lo que debe ser el apostolado de las religiosas: el testimonio de su vida consagrada, la oración y el sacrificio. Ninguna religiosa, por cualquier motivo, está exenta de este apostolado.

2. Institutos apostólicos. Cómo debe entenderse y ejercerse en ellos la acción apostólica (c. 675)

1. En los institutos que se dedican a obras de apostolado, la actividad apostólica forma parte de su propia naturaleza. Por tanto, la vida entera de los miembros ha de estar llena de espíritu apostólico y toda la acción apostólica debe estar informada por el espíritu religioso.

2. La actividad apostólica ha de brotar siempre de la unión íntima con Dios, y a la vez confirmarla y fomentarla.

3. La actividad apostólica, que se realice en nombre de la Iglesia y por su mandato, debe ejercerse en comunión con ella.

Es interesante y debe tenerse en cuenta la correlación entre espíritu apostólico y acción apostólica, y entre ambas y la vida de unión con Dios, que es el principio y fundamento de toda la vida consagrada.

En el nuevo Código, el apostolado de las religiosas que, por la naturaleza de su instituto se dedican a esta actividad, adquiere una nueva dimensión eclesial, en cuanto que actúan en nombre de la Iglesia y deben hacerlo en plena comunión con ella.

3. Institutos dedicados a las obras de misericordia (c. 676)

Los institutos laicales, tanto de varones como de mujeres, participan en la función pastoral de la Iglesia y prestan servicios muy diversos a los hombres mediante las obras de misericordia espirituales y corporales; deben, por tanto, permanecer con fidelidad en la gracia de su vocación.

Este apartado peculiar forma parte de la misión pastoral de la Iglesia. Y ya la Constitución *Lumen gentium,* en el n. 46, «confirma y alaba a los hombres y mujeres, hermanos y hermanas que, en los monasterios, en las escuelas y hospitales o en las misiones, ilustran a la Esposa de Cristo con la constante y humilde fidelidad de su consagración y ofrecen a todos los hombres generosamente los más variados servicios» (Puede verse también el Motu Proprio *Perfectae caritatis,* n. 10).

4. **Conservar la fidelidad al espíritu propio** (c. 677)

1. Los Superiores y demás miembros mantengan fielmente la misión y obras propias de su instituto; pero vayan prudentemente acomodándolas, atendiendo a las necesidades de tiempo y lugar, empleando también medios nuevos y oportunos.

2. Si tienen unidas a sí asociaciones de fieles, ayúdenlas con especial diligencia, para que queden informadas por el genuino espíritu de su familia.

Las necesidades de tiempos y lugares pueden exigir, en un momento dado, que algunas religiosas se desplacen hacia apostolados que no se integran en la naturaleza y espíritu propios del instituto. Las que se vean obligadas a ello, así como las Superioras, deberán procurar con todo empeño que estas excepciones no amedrenten la vocación ni cedan en detrimento de la misión propia del instituto, que por todos los medios se debe fomentar.

En cuanto a las asociaciones de fieles, unidas a las religiosas por vínculos de fraternidad espiritual, foméntese el espíritu genuino del instituto, pero sin incurrir en capillismos y sin perder el sentido de comunión y cooperación con las otras asociaciones de fieles, sobre todo las de carácter diocesano o más general aún.

5. **Potestad de los Obispos y de los Superiores en el ejercicio del apostolado (c. 678)**

1. Los religiosos están sujetos a la potestad de los Obispos, a quienes han de seguir con piadosa sumisión y respeto en aquello que se refiere a la cura de almas, al ejercicio público del culto divino y a otras obras de apostolado.

2. En el ejercicio del apostolado externo, los religiosos dependen también de sus propios Superiores y deben permanecer fieles a la disciplina de su instituto; los Obispos no dejarán de urgir esta obligación, cuando sea del caso.

3. Es necesario que los Obispos diocesanos y los Superiores religiosos procedan de común acuerdo al dirigir las obras de apostolado de los religiosos.

En numerosos cánones se habla de las relaciones Obispo-religiosas. Aquí se centra el Código más en el campo del apostolado. Se urge, ante todo, la sumisión a las propias Superioras, y la fidelidad a las normas del instituto. Los apostolados ajenos a éste, de los que se ha hablado anteriormente, pueden ser una tentación, incluso bien intencionada, para las religiosas; por lo que los Obispos, dado el caso, deberán recordarlo a las religiosas implicadas en ellos. Asimismo, se establece el diálogo entre el Obispo y Superioras en todo lo que atañe a la actividad apostólica de las religiosas.

6. **Prohibición de residencia en la diócesis** (c. 679)

Por una causa gravísima, el Obispo diocesano puede prohibir la residencia en su propia diócesis a un miembro de un instituto religioso si, habiendo sido advertido, su Superior mayor hubiera descuidado tomar medidas; sin embargo, debe ponerse el asunto inmediatamente en manos de la Santa Sede.

7. **Apostolado de conjunto** (c. 680)

Foméntese una ordenada cooperación entre los distintos institutos, así como también entre éstos y el clero secular, e igualmente, bajo la dirección del Obispo diocesano, la coordinación de todas las obras y actividades apostólicas, respetando el carácter, fin y leyes fundacionales de cada instituto.

La mejor ilustración y comentario a este canon son las palabras del *Ecclesiae sanctae:* «Las obras propias o peculiares de cada instituto, es decir, las que con aprobación de la Santa Sede, desde la misma fundación o recibidas por venerables tradiciones, han sido después definidas y ordenadas en las constituciones y otras leyes propias del instituto, deben ser promovidas asiduamente por los religiosos, teniendo en cuenta especialmente las necesidades espirituales de la diócesis y guardando una concordia fraternal con el clero diocesano y con los demás institutos que lleven a cabo obras semejantes» (I, 28).

8. Apostolados encomendados por los Obispos (c. 681)

1. Las actividades encomendadas a religiosos por el Obispo diocesano quedan bajo la autoridad y dirección de éste, sin perjuicio del derecho de los Superiores religisos, conforme a la norma del can. 678, §§ 2 y 3.

2. En estos casos debe acordarse entre el Obispo diocesano y el Superior competente del instituto un acuerdo escrito, en el que, entre otras cosas, se determine de manera expresa y bien definida lo que se refiere a la labor que debe cumplirse, a los miembros que se dedicarán a ella y al régimen económico.

9. Oficios eclesiásticos diocesanos conferidos por el Obispo (c. 682)

1. Cuando se trate de conferir en una diócesis un oficio eclesiástico a un religioso, éste es nombrado por el Obispo diocesano, previa presentación o al menos asentimiento del Superior competente.

2. Ese religioso puede ser removido de su oficio según el arbitrio, tanto de la autoridad que se lo ha confiado, advirtiéndolo al Superior religioso, como del Superior, advirtiéndolo a quien encomendó el oficio, sin que se requiera el consentimiento del otro.

Aparte de los oficios pastorales que se citan en los Libros III y IV del Código, que pueden ser encomendados a las religiosas y de los que trataremos más adelante, deben incluirse aquí también los judiciales (Véase en el Libro VII, pág. 159).

10. Visita pastoral del Obispo. Amplitud de aquélla y competencia de éste (c. 683)

1. El Obispo diocesano puede visitar, personalmente o por medio de otro, durante la visita pastoral y también en caso de necesidad, las iglesias y oratorios a los que tienen acceso habitual los fieles, así como también las escuelas y otras obras de religión o de caridad, tanto espiritual como temporal, encomendadas a religiosos; pero no las escuelas abiertas exclusivamente a los alumnos propios del instituto.

2. Si descubre algún abuso, después de haber avisado sin resultado al Superior religioso, puede proveer personalmente con su propia autoridad.

No están sometidos a la visita del Obispo:

a) los oratorios privados para uso exclusivo de las religiosas, a menos que en ellos se conserve reservado el Santísimo Sacramento;

b) las escuelas-seminarios del propio instituto;

c) las obras religiosas o de caridad *propias* del instituto.

Los institutos de derecho diocesano están sometidos en todo a la visita pastoral del Obispo.

Capítulo 6 · De la separación del instituto

A) Tránsito a otro instituto:

1. **Autoridad competente para concederlo** (c. 684, 1)

Un miembro de votos perpetuos no puede pasar del propio a otro instituto religioso, si no es por concesión de los Superiores generales de ambos institutos, y con consentimiento de sus respectivos consejos.

El consentimiento del Consejo se requiere para la validez de la autorización.

2. **Profesión en el nuevo instituto** (c. 684, 2)

Ese miembro, después de una prueba que ha de durar al menos tres años, puede ser admitido a la profesión perpetua en el nuevo instituto. Pero, si se niega a emitir esa profesión o no es admitido a ella por los Superiores competentes, debe volver al primer instituto, a no ser que hubiera obtenido indulto de secularización.

Los años de prueba en el nuevo instituto son obligatorios, si bien no se trata de un noviciado en el sentido canónico; ni tiene que emitir una nueva profesión temporal.

3. **Tiempo y modo de la nueva Probación** (c. 684, 4)

El derecho propio debe determinar la duración y el modo de la prueba que ha de preceder a la profesión del miembro en el nuevo instituto.

4. **Tránsito a un instituto secular o a una sociedad de vida apostólica** (c. 684, 5)

Para el tránsito a un instituto secular o a una sociedad de vida apostólica, o de éstos a un instituto religioso, se requiere licencia de la Santa Sede, a cuyos mandatos habrá que sujetarse.

La razón es por la diferente naturaleza de dichos estados, aunque todos ellos pertenezcan al mismo género de vida consagrada.

5. **Derechos y obligaciones para con el anterior y en el nuevo instituto** (c. 685)

1. Hasta su profesión en el nuevo instituto, quedan en suspenso los derechos y obligaciones que un miembro tenía en el primero, permaneciendo en vigor los votos; sin embargo, desde que comienza la prueba está obligado a observar el derecho propio del nuevo instituto.

2. Por la profesión en el nuevo instituto, el miembro se incorpora al mismo, y cesan los votos, derechos y obligaciones precedentes.

Los derechos y obligaciones del primer instituto, aunque no los pierde, no le urgen en el periodo de tiempo que transcurre hasta su profesión en el segundo; sin embargo, al empezar la probación en éste, debe observar y atenerse al derecho propio del mismo.

B) Salida del instituto:

1. **Exclaustración:**

a) Indulto de exclaustración:

— si es voluntaria (c. 686, 1)

El Superior general, con el consentimiento de su con-

sejo, puede conceder por causa grave el indulto de exclaustración a un profeso de votos perpetuos, pero no por más de un trienio, y habiendo obtenido previamente, si se trata de un clérigo, el consentimiento del Ordinario del lugar en el que debe residir. Prorrogar ese indulto o concederlo por más de un trienio se reserva a la Santa Sede o, cuando se trata de un instituto de derecho diocesano, al Obispo diocesano.

Al Obispo se reserva prorrogar el indutlo más allá de un trienio cuando se trata de un instituto de derecho diocesano.

— si es obligada (c. 686, 3)

A petición del Superior general, con el consentimiento de su consejo, por causas graves y observando la equidad y la caridad, la exclaustración puede ser impuesta por la Santa Sede a un miembro de un instituto de derecho pontificio, y por el Obispo diocesano a un miembro de un instituto de derecho diocesano.

Se trata de una exclaustración impuesta por causa grave. En cuanto a los plazos, guárdese lo establecido en el párrafo primero.

b) Derechos y obligaciones del exclaustrado (c. 687)

El miembro exclaustrado queda libre de las obligaciones que no son compatibles con su nueva condición de vida, y queda bajo la dependencia y cuidado de sus Superiores y también del Ordinario del lugar, sobre todo si se trata de un clérigo. Puede llevar el hábito del instituto, a no ser que en el indulto se establezca otra cosa. Sin embargo, carece de voz, tanto activa como pasiva.

2. Salida del instituto:

a) Salida voluntaria (c. 688, 1)

Quien quisiera salir de un instituto después de haber transcurrido el tiempo de profesión, puede abandonarlo.

b) **Durante la profesión temporal** (c. 688, 2)

Quien, durante la profesión temporal, pide, con causa grave, abandonar el instituto, puede conseguir del Superior general, con el consentimiento de su consejo, el indulto para marcharse, si se trata de un instituto de derecho pontificio; en los institutos de derecho diocesano y en los monasterios de los que trata el can. 615, ese indulto, para ser válido, ha de ser confirmado por el Obispo de la casa a la que el miembro está asignado.

En los institutos de derecho diocesano el indulto lo concede la Superiora general con el consentimiento de su consejo; mas para que surta efecto necesita la confirmación del Obispo de la casa a la que está adscrita la religiosa.

3. Exclusión de un religioso:

a) **Acabada la profesión temporal** (c. 689, 1)

Cumplido el tiempo de la profesión temporal de un miembro, habiendo causas justas, el Superior mayor competente, oído su consejo, puede excluirlo de la profesión subsiguiente.

b) **Por ineptitud física o psíquica** (c. 689, 2)

La enfermedad física o psíquica, aunque se haya contraído después de la profesión, si es de tal naturaleza que a juicio de los peritos hace al miembro del que se trata en el § 1 no apto para vivir en el instituto, constituye causa para no admitirle a renovar la profesión o a emitir la profesión perpetua, a no ser que la enfermedad se hubiera contraído por negligencia del instituto o por el trabajo realizado en éste.

Si el instituto ha sido el causante directo o indirecto de la enfermedad, no puede negársele la renovación de la profesión temporal o la emisión de la profesión perpetua. «Al juzgar estos casos ténganse presentes los imperativos de la caridad y de la equidad» (*Dum canonicarum,* II). La Sagrada Congregación de Religiosos, el 8 de diciembre de 1970, dictó un Decreto, en el que se fundamenta este canon, que deberá consultarse atentamente, si se diere el caso.

c) **En el caso de amencia** (c. 689, 3)

Pero si el religioso, durante los votos temporales, cayera en amencia, aunque no sea capaz de hacer nueva profesión, no puede, sin embargo, ser despedido del instituto.

Si se diere este caso, el instituto debe cuidar de la enferma mientras dure la enfermedad, aunque sea toda su vida, por más que, estrictamente hablando, ya no pertenezca al instituto, bien internándola en un centro psiquiátrico o bien cuidando de ella en alguna casa apropiada.

4. **Readmisión** (c. 690, 1)

Quien hubiera salido legítimamente del instituto una vez cumplido el noviciado o incluso después de la profesión, puede ser readmitido por el Superior general con el consentimiento de su consejo, sin obligación de repetir el noviciado; al mismo Superior corresponde determinar la conveniente prueba previa a la profesión temporal y la duración de los votos antes de la profesión perpetua, conforme a la norma de los can. 655 y 657.

5. **Salida de un profeso perpetuo:**

a) **Causas para solicitarla** (c. 691, 1)

Un profeso de votos perpetuos no puede pedir indulto de salida del instituto si no es por causas gravísimas consideradas en la presencia de Dios, y elevará su petición al Superior general del instituto, quien, junto con su propio parecer y el de su consejo, la transmitirá a la autoridad competente.

b) **Autoridad competente para concederla** (c. 691, 2)

En los institutos de derecho pontificio, este indulto se reserva a la Sede Apostólica; en los de derecho diocesano, puede concederlo también el Obispo de la diócesis de la casa a la que está asignado el religioso.

c) **Eficacia jurídica del indulto de salida** (c. 692)

El indulto de salida legítimamente concedido y notificado al miembro, lleva consigo de propio derecho la dispensa de los votos y de todas las obligaciones provenientes de la profesión, a no ser que, en el acto de la notificación, fuera rechazado el indulto por el mismo miembro.

Aun cuando el indulto haya sido expedido por la autoridad competente, la religiosa puede rechazarlo, con lo que perdería su eficacia. Si, pasado un tiempo, desease nuevamente abandonar el instituto, debería solicitar un nuevo indulto.

C) Expulsión de religiosos:

1. Expulsión automática:

a) **Causas** (c. 694, 1)

Se ha de considerar expulsado de propio derecho en un instituto el miembro que:

1.º haya apostatado notoriamente de la fe católica;

2.º haya contraído matrimonio o lo intente, aunque sea sólo de manera civil.

b) **Modo de proceder** (c. 694, 2)

En estos casos, una vez recogidas las pruebas, el Superior mayor con su consejo debe emitir sin ninguna demora una declaración del hecho, para que la expulsión conste jurídicamente.

2. Expulsión por delitos cualificados. Procedimiento (c. 695)

1. Debe ser expulsado el miembro que cometa uno de los delitos de los que se trata en los cann. 1397, 1398 y 1395, a no ser que en los delitos de que trata el can. 1395, § 2, el Superior juzgue que la dimisión no es absolutamente necesaria y que la enmienda de su súbdito, la restitución y la reparación del escándalo puede satisfacerse de otro modo.

2. En esos casos, el Superior mayor, después de recoger las pruebas sobre los hechos y su imputabilidad, presentará al miembro la acusación y las pruebas, dándole la posibilidad de defenderse. Se enviarán al Superior general todas las actas, firmadas por el Superior mayor y por el notario, así como también las respuestas escritas del miembro y firmadas por él mismo.

Los delitos sancionados en los cánones 1397 y 1398 se refieren al homicidio, rapto, retención violenta, mutilación y aborto, si éste se produce. El canon 1395 no habla para las religiosas pues se refiere a delitos perpetrados por clérigos.

3. Otros motivos de expulsión de un religioso:

a) **Enumeración** (c. 696)

1. Un miembro también puede ser expulsado por otras causas, siempre que sean graves, externas, imputables y jurídicamente comprobadas, como son: el descuido habitual de las obligaciones de la vida consagrada; las reiteradas violaciones de los vínculos sagrados; la desobediencia pertinaz a los mandatos legítimos de los Superiores en materia grave; el escándalo grave causado por su conducta culpable; la defensa o difusión pertinaz de doctrinas condenadas por el magisterio de la Iglesia; la adhesión pública a ideologías contaminadas de materialismo o ateísmo; la ausencia ilegítima de la que se trata en el can. 665, § 2, por más de un semestre; y otras causas de gravedad semejante, que puede determinar el derecho propio del instituto.

2. Para la expulsión de un miembro de votos temporales bastan también otras causas de menor gravedad determinadas en el derecho propio.

b) **Procedimiento** (c. 697)

En los casos de los que se trata en el can. 696, si el Superior mayor, oído su consejo, considera que debe iniciarse el proceso de expulsión:

1.º reunirá o completará las pruebas;

2.º amonestará al miembro por escrito o ante dos testigos, con explícita advertencia de que se procederá a su expulsión si no se corrige, indicándole claramente la causa y dándole libertad plena para que se defienda; si la amonestación quedase sin efecto, transcurridos por lo menos quince días, le hará una segunda amonestación;

3.º si también esta amonestación resultase inútil y el Superior mayor con su consejo estima que consta suficientemente la incorregibilidad y la insuficiencia de la defensa del miembro, pasados sin efecto quince días desde la última amonestación, enviará al Superior general todas las actas firmadas por sí mismo y por el notario, a la vez que las respuestas del miembro, igualmente firmadas por éste.

4. **Derecho de defensa propia** (c. 698)

En todos los casos de los que se trata en los cann. 695 y 696, queda siempre firme el derecho del miembro a dirigirse al Superior general y a presentar a éste directamente su defensa.

5. **Decreto de expulsión** (c. 699, 1)

El Superior general, con su consejo, que, para la validez del acto constará por lo menos de cuatro miembros, debe proceder colegialmente para sopesar con diligencia las pruebas, razones y defensas; y, si se decide así por votación secreta, dará el decreto de expulsión, que, para su validez, ha de contener los motivos de derecho y de hecho, al menos de manera sumaria.

6. **Confirmación por parte de la autoridad superior. Derecho de recurso** (c. 700)

El decreto de expulsión no tiene vigor hasta que sea confirmado por la Santa Sede, a la que se debe enviar dicho decreto junto con las actas; si se trata de instituto de derecho diocesano, la confirmación corresponde al Obispo de la diócesis donde se halla la casa a la que está adscrito el religioso. Sin embargo, para que sea válido el decreto, debe indicar el derecho de que goza el expulsado de recurrir, dentro de los diez días siguientes de haber recibido la notificación, a la autoridad competente. El recurso tiene efecto suspensivo.

7. **Consecuencias de la expulsión** (cc. 701 y 702)

701 *Por la expulsión legítima cesan* ipso facto *los votos, así como también los derechos y obligaciones provenientes de la profesión. Pero si el miembro es clérigo, no puede ejercer las órdenes sagradas hasta que encuentre un Obispo que, después de una prueba conveniente, le reciba en su diócesis conforme a la norma del can. 693, o al menos le permita el ejercicio de las órdenes sagradas.*

702 *1. Quienes legítimamente salgan de un instituto religioso o hayan sido expulsados de él no tienen derecho a exigir nada por cualquier tipo de prestación realizada en él.*

2. Sin embargo, el instituto debe observar la equidad y la caridad evangélica con el miembro que se separe de él.

Quienes han sido legítimamente expulsadas o han salido voluntariamente no pueden, en justicia, exigir nada al instituto. Este, sin embargo, debe ofrecer a tales religiosas el apoyo económico prudencial y el respaldo moral oportuno, que son imperativos de la caridad evangélica y que, en muchas ocasiones, les son imprescindibles para iniciar el nuevo rumbo de sus vidas.

8. **Dimisión provisional por un motivo grave** (c. 703)

En caso de grave escándalo externo o de daño gravísimo que amenace al instituto, un miembro puede ser expulsado inmediatamente de la casa religiosa por el Superior mayor o, si hay peligro en la demora, por el Superior local con el consentimiento de su consejo. Si es necesario, el Superior mayor cuidará de que se instruya el proceso de expulsión conforme a la norma del derecho, o remtirá el asunto a la Sede Apostólica.

9. Notificación a la Sede Apostólica (c. 704)

En el informe que debe enviarse a la Sede Apostólica de acuerdo con el can. 592, § 1, se han de indicar los miembros que por cualquier concepto se hayan separado del instituto.

Capítulo 8 · De las conferencias de Superiores mayores

1. Utilidad y conveniencia (c. 708)

Los Superiores mayores pueden hacer bien en asociarse en conferencias o consejos, para que, en unidad de esfuerzos, trabajen ya para conseguir más plenamente el fin de cada instituto, quedando a salvo su autonomía, su carácter y espíritu propio, ya para tratar los asuntos comunes, ya para establecer la conveniente coordinación y cooperación con las Conferencias Episcopales, así como con cada uno de los Obispos.

2. Aprobación. Estatutos. Condición jurídica (c. 709)

Las conferencias de Superiores mayores tengan sus propios estatutos aprobados por la Santa Sede, a la que únicamente corresponde erigirlas como persona jurídica, y bajo cuya suprema autoridad permanecen.

LIBRO III - LA FUNCION DE ENSEÑAR DE LA IGLESIA

Este Libro III del Código comienza con una afirmación solemne que es toda una síntesis de la doctrina conciliar sobre el derecho de la Iglesia, recibido de su divino Fundador, de anunciar el Evangelio a todo el mundo. Dice el canon 747:

1. La Iglesia, a la cual Cristo Nuestro Señor encomendó el depósito de la fe, para que, con la verdad revelada, profundizase en ella y la anunciase y expusiese fielmente, tiene el deber y el derecho originario, independiente de cualquier poder humano, de predicar el Evangelio a todas las gentes, utilizando incluso sus propios medios de comunicación social.

2. Compete siempre y en todo lugar a la Iglesia proclamar los principios morales, incluso los referentes al orden social, así como dar su juicio sobre cualesquiera asuntos humanos, en la medida en que lo exijan los derechos fundamentales de la persona humana o la salvación de las almas.

Después del Concilio esta doctrina ha sido ratificada y explicitada por el Sínodo de los Obispos de 1974 y, sobre todo, en la Encíclica de S. S. Pablo VI «Evangelii nuntiandi», donde se afirma que la evangelización de todos los hombres pertenece a la esencia misma de la Iglesia (véase el n. 14).

Esta tarea, aunque pesa principalmente sobre el magisterio, alcanza a toda la Iglesia y debe realizarse en comunión con la Iglesia, la cual debe sentirse comprometida en el anuncio del mensaje liberador de Jesús, aun cuando sea cada uno en planos distintos.

El Código, ciertamente, tiene un carácter eminentemente normativo; sin embargo, la mayor parte de los cánones de este Libro poseen un rico contenido doctrinal en este sentido. Por ello, aunque aquí nos limitamos a reproducir los cánones que más directamente afectan a las religiosas, creemos que deberían leerse y estudiarse todos ellos, como aconsejamos en la presentación de nuestro libro.

— **Asentimiento al magisterio de la Iglesia:**

1. **Del Papa y del colegio de los Obispos** (c. 752)

Se ha de prestar un asentimiento religioso del entendimiento y de la voluntad, sin que llegue a ser de fe, a la doctrina que el Sumo Pontífice o el Colegio de los Obispos, en el ejercicio de su magisterio auténtico, enseñan acerca de la fe y de las costumbres, aunque no sea su intención proclamarla con un acto decisorio; por tanto, los fieles cuiden de evitar todo lo que no sea congruente con la misma.

Así queda definido el sujeto del magisterio: no sólo el Papa sino también el Colegio de los Obispos en comunión con el Papa. Véase el capítulo III de la *Lumen gentium* sobre la colegialidad de los Obispos y su función de magisterio en la Iglesia.

2. **Del Obispo y de la Conferencia Episcopal** (c. 753)

Los Obispos que se hallan en comunión con la Cabeza y los miembros del Colegio, tanto individualmente como reunidos en Conferencias Episcopales o en Concilios particulares, aunque no son infalibles en su enseñanza, son doctores y maestros auténticos de los fieles encomendados a su cuidado; y los fieles están obligados a adherirse con asentimiento religioso a este magisterio auténtico de sus Obispos.

TITULO I - DEL MINISTERIO DE LA DIVINA PALABRA

A) **La evangelización** (cc. 756-761)

1. **Testimonio y anuncio del Evangelio** (cc. 758 y 759)

758 *Los miembros de los institutos de vida consagrada, en virtud de su propia consagración a Dios, dan testimonio del Evangelio de manera peculiar, y es conveniente que el Obispo los tome como ayuda para anunciar el Evangelio.*

759 *En virtud del bautismo y de la confirmación, los fieles laicos son testigos del anuncio evangélico con su palabra y el ejemplo de su vida cristiana; también pueden ser llamados a cooperar con el Obispo y con los presbíteros en el ejercicio del ministerio de la palabra.*

La vida consagrada de los institutos religiosos encierra en sí misma un testimonio elocuente de los valores evangélicos ante el mundo. Sin embargo, lo que aquí se pide a las religiosas es que ese carisma implícito en su tenor de vida lo expliciten igualmente con redoblado vigor en su función evangelizadora.

El fundamento de esta llamada está para ellas, no sólo en los sacramentos de la iniciación, el Bautismo y la Confirmación, sino además en el carácter propio y peculiar de su consagración. En el canon 759 se prevé incluso la posibilidad de que puedan ser llamadas a colaborar en el ejercicio del ministerio de la palabra.

2. **Medios de evangelización** (c. 761)

Deben emplearse todos los medios disponibles para anunciar la doctrina cristiana, sobre todo la predicación y la catequesis, que ocupan siempre un lugar primordial; pero también la enseñanza de la doctrina en escuelas, academias, conferencias y reuniones de todo tipo, así como su difusión mediante declaraciones públicas, hechas por la autoridad legítima con motivo de determinados acontecimientos, y mediante la prensa y otros medios de comunicación social.

Como se ve, la enumeración no agota todos las posibilidades de anunciar el mensaje. Hay un aspecto que debe ser incluido: el que significa la vivencia alegre y sufrida de quienes por edad, enfermedad u otros condicionamientos no pueden sino ofrecer cada día el testimonio y el holocausto de sus vidas de un modo más silencioso pero no menos eficaz.

B) **Predicación de la divina palabra** (cc. 762-772):

1. **Potestad del Obispo de predicar en las iglesias y oratorios de los religiosos** (c. 763)

Los Obispos tienen derecho a predicar la palabra de Dios en cualquier lugar, sin excluir las iglesias y orato-

rios de los institutos religiosos de derecho pontificio, a no ser que, en casos particulares, el Obispo del lugar se oponga expresamente.

Compete al Obispo por derecho divino anunciar la palabra de Dios y es, por misión recibida de Cristo, en comunión con el Romano Pontífice, Pastor del pueblo de Dios. De este derecho no se eximen los institutos religiosos, aun aquellos que, por ser de derecho pontificio, están más directamente ligados a la Sede Pontificia. Como el anuncio de la palabra pueden hacerlo también por escrito, deben las religiosas tener en gran aprecio las cartas pastorales, sobre todo, de sus propios Obispos, recibiendo dócilmente su doctrina y secundando generosamene todas sus iniciativas.

2. **Licencia del Superior religioso** (c. 765)

Para predicar a los religiosos en sus iglesias u oratorios, se necesita licencia del Superior competente a tenor de las constituciones.

El permiso de que habla este canon no es para que se predique en sus iglesias u oratorios. Ya se ha dicho que los Obispos pueden hacerlo en todo el mundo; los otros ministros requieren el permiso del rector de la Iglesia u oratorio (c. 764). Aquí se trata, en cambio, de la predicación que se hace a las religiosas. Las constituciones determinarán a quién compete otorgar este permiso. No es, en fin, que la Superiora faculte al ministro para que predique, sino simplemente que le autoriza para que él ejerza la facultad, que ya posee, en provecho espiritual de la comunidad.

3. **Se permite a los seglares** (c. 766)

Los laicos pueden ser admitidos a predicar en una iglesia u oratorio, si en determinadas circunstancias hay necesidad de ello, o si, en casos particualres, lo aconseja la utilidad, según las prescripciones de la Conferencia Episcopal y sin perjuicio del can. 767, § 1.

Es algo enteramente nuevo en el Código. Sin embargo, es consecuencia de la común responsabilidad evangelizadora de que hablamos al principio de este apartado. El canon contiene algunos elementos que deben tenerse en cuenta:

1.° Se trata de una posibilidad que la autoridad competente puede utilizar, sin que nadie pueda arrogarse por su cuenta en esta materia ningún derecho.

2.° Sólo es realizable cuando se den circunstancias muy determinadas de necesidad.

3.° No se hará de un modo universal sino sólo en casos particulares.

4.° Que todo ello sea reconocido y reglamentado por la Conferencia Episcopal de cada país.

5.° En cualquier caso, se exceptúa la homilía (c. 767, 1).

El motivo de esta excepción radica en el hecho de que la Iglesia entiende que en la homilía se realiza de una manera especial el hablar «en nombre de Cristo Cabeza»; y por ser ella una parte integrante de la celebración, se reserva en exclusiva al ministro ordenado.

Hoy es bastante frecuente el caso de las homilías *participadas* no sólo en grupos reducidos sino también en celebraciones dominicales ordinarias. Son varios los documentos de la Santa Sede que se han pronunciado sobre esta particularidad. Ante todo, ningún laico, como se ha indicado antes (tampoco una religiosa), puede exigir como un derecho el intervenir en una asamblea litúrgica por el hecho de ser miembro de dicha asamblea. (Nadie por ser bautizado tiene misión para ello ni para hacerse escuchar en dichas asambleas).

Sin embargo, en los grupos más reducidos podría hacerse, siempre que sea el sacerdote quien presente e introduzca el tema, invitando luego a los participantes a expresar su vivencia de la palabra anunciada por él. Al final, será el sacerdote quien, recogiendo todo lo expresado, concrete y puntualice el contenido del mensaje. Sin ser restrictivos en esto, sí se deberá procurar que la participación de los laicos (y religiosas) sea fruto de una preparación y de un intento serio de entender y vivir la palabra de Dios.

En el Directorio para las misas en que asiste gran cantidad de niños, al tratar del comentario del Evangelio, prevé el caso en que, por carencia de dotes pedagógicas del sacerdote, sea otro (laico, religiosa...) quien lo comente a los niños. Se trataría entonces de un comentario, no de una homilía propiamente dicha.

Finalmente, no está prohibido, antes sería pastoralmente muy aconsejable, el que un grupo integrado por representantes de los diversos estamentos de la comunidad (laicos, religiosas, jóvenes, etc.), preparasen junto con el sacerdote un guión homilético en el que, a la luz de la palabra de Dios, se recogiese e iluminase la problemática de la comunidad. Luego, el portavoz ante la asamblea no será un laico ni una religiosa, sino el sacerdote.

C) **La formación catequética** (cc. 773-780)

Para todos los temas relacionados con la catequesis véase el importante documento «La catequesis de la comunidad» de la Comisión Episcopal de Enseñanza y Catequesis, del 22 de febrero de 1983, que lleva por subtítulo «Orientaciones pastorales para la catequesis en España, hoy». También el Directorio Catequístico *Ad normam* de la Sagrada Congregación para el Clero, del 11 de abril de 1971, sobre el ministerio de la palabra y la acción pastoral del mismo.

1. **A quiénes corresponde** (c. 774, 1)

La solicitud por la catequesis, bajo la dirección de la legítima autoridad eclesiástica, corresponde a todos los miembros de la Iglesia en la medida de cada uno.

2. **Colaboración en esta tarea con el párroco** (c. 776)

En virtud de su oficio, el párroco debe cuidar de la formación catequética de los adultos, jóvenes y niños, para lo cual empleará la colaboración de los clérigos adscritos a la parroquia, de los miembros de institutos de vida consagrada y de las sociedades de vida apostólica, teniendo en cuenta la naturaleza de cada instituto, y también de los fieles laicos, sobre todo de los catequistas; todos éstos, si no se encuentran legítimamente impedidos, no rehúsen prestar su ayuda de buen grado. Promueva y fomente el deber de los padres en la catequesis familiar a la que se refiere el can. 774 § 2.

Expresamente se citan los miembros de los institutos de vida consagrada como colaboradores privilegiados del párroco en esta tarea. Las religiosas, por su especial preparación, deben prestarle todo su apoyo, aunque sea sacrificando en parte las obligaciones de sus quehaceres habituales.

Las que se ocupan en ello procuren adquirir una formación doctrinal y pedagógica adecuada. La importancia de una buena catequesis excluye radicalmente toda improvisación, y la formación recibida de cara a la vida religiosa es insuficiente para esta tarea especializada.

Las religiosas que habitualmente se dedican a la enseñanza no se limiten a la formación religiosa, incluso la catequesis, de sus propios alumnos, sino aporten además su experiencia y conocimientos colaborando en esta tarea primordial de la comunidad parroquial de la que también ellas son miembros cualificados.

3. La catequesis en los centros propios (c. 778)

Cuiden los Superiores religiosos y los de sociedades de vida apostólica que en sus iglesias, escuelas y otras obras que de cualquier modo les hayan sido encomendadas, se imparta diligentemente la formación catequética.

En todo caso, actúen coordinadamente con el párroco, y aténganse puntualmente a las directrices y normas que sobre el particular dicte la autoridad diocesana competente. El Secretariado diocesano de catequesis, aunque no siempre actúe en nombre del Ordinario es, por la documentación y preparación de sus miembros, una fuente excepcional de información y de práctica catequéticas.

TITULO II - DE LA ACTIVIDAD MISIONAL DE LA IGLESIA

1. Es competencia de todos los fieles (c. 781)

Como, por su misma naturaleza, toda la Iglesia es misionera, y la tarea de la evangelización es deber fundamental del pueblo de Dios, todos los fieles, conscientes de su propia responsabilidad, asuman la parte que les compete en la actividad misional.

Es consecuencia de cuanto hemos afirmado al principio de este apartado. Este título se refiere concretamente a la acción misional de la Iglesia en los países donde la fe aún no se ha implantado o está apenas arraigada.

2. Obligación especial de los religiosos (c. 783)

Ya que por su misma consagración se dedican al servicio de la Iglesia, los miembros de los institutos de vida consagrada están obligados a contribuir de modo especial a la tarea misional, según el modo propio de su instituto.

Es éste un canon en que se valora el alcance de la vida consagrada en esta dimensión tan fundamental y entrañable de la Iglesia. Si se estudia el carisma de cada instituto religioso apenas hallaremos alguno en el que no sobresalga este aspecto ya desde su fundación, habiendo dejado en él jalones de su historia, larga o breve. Las religiosas siguen hoy precediendo la acción misionera de la Iglesia. Es algo que brota necesariamente de su consagración en cuanto es ésta plenitud del bautismo; pero que habrán de realizar también —de acuerdo con la naturaleza de su instituto— por la obligación que les impone la Iglesia.

3. **Clases de misioneros** (c. 784)

Los misioneros, es decir, aquellos que son enviados por la autoridad eclesiástica competente para realizar la obra misional, pueden ser elegidos de entre los autóctonos o no, ya sean clérigos seculares, miembros de institutos de vida consagrada o de una sociedad de vida apostólica, u otros fieles laicos.

Queda aquí consagrada la capacidad jurídica de los laicos, y por lo tanto también de las religiosas, para recibir la misión de ejercer la acción misionera de la Iglesia.

4. **Colaboración en la acción misional** (c. 785, 1)

Para realizar la tarea misional se han de emplear catequistas, es decir, fieles laicos debidamente instruidos y que destaquen por su vida cristiana, los cuales, bajo la dirección de un misionero, se dediquen a explicar la doctrina envangélica y a organizar los actos litúrgicos y las obras de caridad.

Se refiere a quienes se encuentran ya en países de misión: cómo deben asumir con amplitud de miras y empeño misionero cuantos oficios les encomendaren, ya sea el anuncio de la palabra, la catequesis, las celebraciones litúrgicas o las obras de caridad, siempre bajo la dirección del misionero. Las religiosas que en esos países tienen obras propias presten su plena colaboración al responsable de la misión y actúen en todo momento coodinadamente con él.

5. **Formación de catequistas** (c. 785, 2)

Han de formarse los catequistas en escuelas destinadas a este fin o, donde no las haya, bajo la dirección de los misioneros.

6. Testimonio de palabra y de vida (c. 787, 1)

Con el testimonio de su vida y de su palabra, entablen los misioneros un diálogo sincero con quienes no creen en Cristo, para que, de modo acomodado a la mentalidad y cultura de éstos, les abran los caminos por los que puedan ser llevados a conocer el mensaje evangélico.

Aunque el Código habla de los misioneros, el programa de actuación es igualmente aplicable a sus colaboradores y a todos los que trabajan en la misión. Nótese la misma fuerza que el canon atribuye a la palabra y al testimonio de la vida. Sin duda, la vida religiosa en sí misma, vivida en toda su integridad, suscitará numerosos interrogantes a quienes, no conociendo el Evangelio y partiendo de otros supuestos culturales, tienen una escala de valores muy distinta para juzgar los comportamientos humanos.

7. Relaciones con los Obispos diocesanos:

a) Acuerdos de los institutos religiosos con los Obispos (c. 790, 1)

En los territorios de misión, compete al Obispo diocesano cuidar de que se hagan los oportunos convenios con los Moderadores de los institutos que se dedican a la tarea misional, y de que las relaciones con los mismos redunden en beneficio de la misión.

b) Sometimiendo a las prescripciones episcopales (c. 790, 2)

A las prescripciones del Obispo diocesano indicadas en el § 1, n. 1, están sujetos todos los misioneros, incluso los religiosos y sus auxiliares que residan dentro de la demarcación del Obispo.

El número 1.° citado establece que en los territorios de misiones es competencia del Obispo diocesano el promover, dirigir y coordinar las iniciativas y obras que se refieren a la actividad misional.

TITULO III - DE LA EDUCACION CATOLICA

No vamos a entrar aquí en los graves y actuales problemas que entraña hoy la situación de la enseñanza y de los colegios, ni siquiera en lo que se refiere al aspecto práctico del mismo: escuelas, profesorado, confesionalidad, enseñanza religiosa, etc. Sobre todo ello hay abundante documentación que deben conocer los responsables y que sería imposible reducir en un Manual de Código como éste; esto sería más propio de un Tratado sobre la enseñanza en los colegios de religiosas que de un manual jurídico. Creemos fundamentales para el esclarecimiento de ideas y de planteamientos la Encíclica «Sapientia christiana», la declaración de la Comisión permanente de la Conferencia Episcopal española del 24 de septiembre de 1976 y la de la 38.ª asamblea plenaria de la misma Conferencia del 24 de junio de 1983 sobre planteamientos actuales de la enseñanza, así como la de la Sagrada Congregación para las Escuelas Católicas del 19 de marzo de 1977.

Lo único que pretendemos es patentizar el interés profundo de la Iglesia por este problema, que la ha llevado a introducir en su legislación universal toda una serie de disposiciones relativas a defender y normativizar lo que ella estima que son valores fundamentales en el campo de la enseñanza, así como la legitimidad teológica, jurídica y pastoral de esta actividad eclesial (cf. c. 794).

Nosotros nos limitamos aquí a entresacar, como venimos haciendo en todo el libro, aquellas normas concretas del Código que dicen alguna relación con las religiosas que se ocupan en el campo educativo de la acción eclesial.

A) **Contenido de la educación católica** (c. 795)

Como la verdadera educación debe procurar la formación integral de la persona humana, en orden a su fin último y, simultáneamente, al bien común de la sociedad, los niños y los jóvenes han de ser educados de manera que puedan desarrollar armónicamente sus dotes físicas, morales e intelectuales; adquieran un sentido más perfecto de la responsabilidad y un uso recto de la libertad, y se preparen a participar activamente en la vida social.

Es uno de los cánones más interesantes de este apartado. Frente a los que estiman que la Iglesia debe reducirse al ámbito de lo estrictamente espiritual, ésta reivindica para sí la formación integral de la persona en una línea muy específica, en la que prima la visión transcendente de la vida y de la persona humanas, así como la armonía de lo moral con lo intelectual y religioso.

B) **Las escuelas** (cc. 796-806):

1. **Importancia de las escuelas** (c. 796, 1)

Entre los medios para realizar la educación, los fieles tengan en mucho las escuelas, que constituyen una ayuda primordial para los padres en el cumplimiento de su deber de educar.

2. **Cooperación de los profesores con los padres de alumnos** (c. 796, 2)

Es necesario que los padres cooperen estrechamente con los maestros de las escuelas a las que confían la formación de sus hijos; los profesores, a su vez, al cumplir su encargo, han de trabajar muy unidos con los padres, a quienes deben escuchar de buen grado, y cuyas asociaciones o reuniones deben organizarse y ser muy apreciadas.

Si los padres son los educadores natos de sus hijos (cf. c. 793) y esta obligación es intransferible, no pueden desentenderse de su formación una vez confiados al colegio. Ni pueden delegar plenamente esta responsabilidad en los órganos rectores y disciplinares del mismo, así como en organismos o colectivos más o menos representativos de los padres y del colectivo educacional.

Se trata de un deber que exige una vigilancia e interés personales, que deberán complementarse con el trabajo y el esfuerzo —en colaboración— con los educadores. Deben, pues, promoverse las asociaciones de padres de alumnos y los intercambios con ellos dentro de una dinámica de eficacia educadora. De este tema se habla detalladamente en el documento antes citado de la 38.ª asamblea plenaria de la Conferencia Episcopal española.

3. **Institutos dedicados a la educación** (c. 801)

Los institutos religiosos que tienen por misión propia la enseñanza, permaneciendo fieles a esta misión suya, procuren dedicarse a la educación católica también por medio de sus escuelas, establecidas con el consentimiento del Obispo diocesano.

Es una invitación a los institutos religiosos, cuyo carisma fundacional es la enseñanza, a no deponer su actividad docente en las escuelas donde lo católico inspira todo el plan escolar. No se niega la presencia de las religiosas en otros centros estatales o ajenos a la Iglesia, sino que se les exhorta a desarrollar su actividad en los propios, manteniéndolos o creándolos de nuevo.

4. **Concepto de escuela católica** (c. 803)

1. Se entiende por escuela católica aquella que dirige la autoridad eclesiástica competente o una persona jurídica eclesiástica pública, o que la autoridad eclesiástica reconoce como tal mediante documento escrito.

2. La formación y educación en una escuela católica debe fundarse en los principios de la doctrina católica; y han de destacar los profesores por su recta doctrina e integridad de vida.

3. Ninguna escuela, aunque en realidad sea católica, puede adoptar el nombre de «escuela católica» sin el consentimiento de la autoridad eclesiástica competente.

Una escuela es considerada por el Código como católica cuando se adapta a los criterios externos e internos que el canon indica y que expresan la competencia de la Iglesia sobre ella:

— que esté dirigida por la autoridad eclesiástica o por una persona jurídica eclesiástica pública, reconocida, al menos, por aquélla;

— que el profesorado y su magisterio respondan a los principios y a la doctrina de la Iglesia.

Prácticamente, todos los colegios de religiosas se adaptan a estos criterios y, por ello, pueden con razón llamarse *escuelas católicas* y deben regirse por los cánones de este capítulo. No se incluyen, desde luego, en ellas, las escuelas estatales confiadas, sólo en cuanto a su dirección o administración, a las religiosas.

5. **La educación religiosa en la escuela** (c. 804, 1)

Depende de la autoridad de la Iglesia la formación y

educación religiosa católica que se imparte en cualesquiera escuelas o se lleva a cabo en los diversos medios de comunicación social; corresponde a la Conferencia Episcopal dar normas generales sobre esta actividad, y compete al Obispo diocesano organizarla y ejercer vigilancia sobre la misma.

La prescripción se extiende a todo lo que abarca la formación y la educación religiosa católica. Por lo tanto, todo lo referente a profesorado, programas, libros de texto, etc., en las escuelas, publicaciones de tipo religioso, emisiones radiofónicas... Ninguna escuela católica (aunque esté dirigida por religiosas) como ningún fiel cristiano están exentos de esta autoridad. La Conferencia Episcopal española ha dado reiteradamente normas sobre el particular, en especial la declaración a la que ya hemos aludido anteriormente. Asimismo, en varias diócesis los Obispos, por sí o por los Secretariados de catequesis o de pastoral, han dictado normas muy concretas sobre esta materia, que son obligatorias para todos aquellos a quienes corresponde.

6. **Profesores de religión** (c. 805)

El Ordinario del lugar, dentro de su diócesis, tiene el derecho de nombrar y aprobar los profesores de religión, así como de remover o exigir que sean removidos cuando así lo requiera una razón de religión o moral.

Esta prescripción se extiende, no sólo a los centros estatales, sino también a los colegios religiosos, aunque sean ellos mismos quienes impartan las clases de religión.

7. **Vigilancia y visita del Obispo** (c. 806, 1)

Compete al Obispo diocesano el derecho de vigilar y de visitar las escuelas católicas establecidas en su territorio, aun las fundadas o dirigidas por miembros de institutos religiosos; asimismo le compete dictar normas sobre la organización general de las escuelas católicas; tales normas también son válidas para las escuelas dirigidas por miembros de esos institutos, sin perjuicio de su autonomía en lo que se refiere al régimen interno de esas escuelas.

Nótese la amplitud que aquí se da a la autoridad del Obispo sobre las escuelas católicas (cf. c. 803, 1). Sólo se exceptúa la autonomía «en lo que se refiere al régimen interno de esas escuelas».

8. **Nivel docente** (c. 806, 2)

Bajo la vigilancia del Ordinario del lugar, los Moderadores de las escuelas católicas deben procurar que la formación que se da en ellas sea, desde el punto de vista científico, de la misma categoría al menos que en las demás escuelas de la región.

TITULO IV - DE LOS INSTRUMENTOS DE COMUNICACION SOCIAL Y ESPECIALMENTE DE LOS LIBROS

1. **Necesidad de la aprobación eclesiástica para editar libros de catequesis** (c. 827, 1)

Sin perjuicio de lo que prescribe el can. 775, § 2, es necesaria la aprobación del Ordinario del lugar para editar catecismos y otros escritos relacionados con la formación catequética, así como sus traducciones.

Nadie puede sin la autorización del Ordinario del lugar editar libros u otro material catequético y, aún menos, imponerlo como texto para la escuela o para otro género de comunidades. Dígase lo mismo de los cánones siguientes. El canon 775, 2, atribuye a las Conferencias Episcopales, si les pareciere útil, editar catecismos para su territorio previa la aprobación de la Santa Sede.

2. **Aprobación eclesiástica de los libros religiosos de texto** (c. 827, 2 y 3)

2. En las escuelas, tanto elementales como medias o superiores, no pueden emplearse como libros de texto para la enseñanza aquellos libros en los que se trate de cuestiones referentes a la sagrada Escritura, la teología, el derecho canónico, la historia eclesiástica y materias religiosas o morales, que no hayan sido publicados con aprobación de la autoridad eclesiástica competente, o la hayan obtenido posteriormente.

3. Se recomienda que se sometan al juicio del Ordinario del lugar los libros sobre materias a que se refiere el § 2, aunque no se empleen como libros de texto en la enseñanza, e igualmente aquellos escritos en los que se contenga algo que afecte de manera peculiar a la religión o a la integridad de las costumbres.

3. Prohibición de su venta sin esta aprobación (c. 827, 4)

En las iglesias u oratorios no se pueden exponer, vender o dar libros u otros escritos que traten sobre cuestiones de religión o de costumbres que no hayan sido publicados con licencia de la autoridad eclesiástica competente, o aprobados después por ella.

No se prohibe la venta de tales libros, sino que se ordena que los que se venden estén editados o aprobados por la competente autoridad eclesiástica.

4. Colaboración en periódicos, revistas, radio, etc. (c. 831)

1. Sin causa justa y razonable, no escriban nada los fieles en periódicos, folletos o revistas que de modo manifiesto suelen atacar a la religión católica o a las buenas costumbres; los clérigos y los miembros de institutos religiosos sólo pueden hacerlo con licencia del Ordinario del lugar.

2. Compete a la Conferencia Episcopal dar normas acerca de los requisitos necesarios para que clérigos o miembros de institutos religiosos tomen parte en emisiones de radio o de televisión en las que se trate de cuestiones referentes a la doctrina católica o a las costumbres.

Para este género de colaboraciones literarias, si es que se dieren, las religiosas, además de que exista una causa razonable y justa, necesitan el permiso no sólo de su propia Superiora mayor, conforme a la norma de las constituciones, sino también el del Ordinario del lugar.

5. **Los religiosos, además, necesitan licencia de su propio Superior** (c. 832)

Los miembros de institutos religiosos necesitan también licencia de su Superior mayor, conforme a la norma de las constituciones, para publicar escritos que se refieran a cuestiones de religión o de costumbres.

LIBRO IV - DE LA FUNCION DE SANTIFICAR DE LA IGLESIA

No es nuestro propósito exponer aquí un tratado de derecho sacramental, sino —como venimos haciendo— recoger los cánones que suponen un cumplimiento obligado o una referencia mediata a las religiosas en su relación con la legislación eclesiástica sobre los sacramentos. Por lo demás, no todo lo relacionado con ellos se encuentra en este Libro IV del Código. Nos remitimos a los numerosos documentos de carácter universal o particular emanados de las autoridades competentes, principalmente la constitución conciliar *Sacrosanctum Concilium* sobre la Sagrada Liturgia; la Instrucción *Inter Oecumenici,* del 26 de septiembre de 1964, para ejecutar dicha Constitución; la Instrucción *Liturgicae instaurationis,* del 5 de mayo de 1970, ampliando la anterior; la Instrucción *Eucharisticum mysterium,* del 25 de mayo de 1967, sobre el culto eucarístico; y, sobre todo, los Prenotandos de los diversos Rituales para cada sacramento, aprobados con carácter de oficiales y obligatorios para cada país por las respectivas Conferencias Episcopales.

El Código recoge en unos cánones preliminares la preocupación conciliar por la participación de todo el pueblo de Dios y por una celebración fructuosa cercana al mismo, hasta el extremo que no es posible comprender en su dimensión eclesiológica toda esta parte del Código sin entender en todo su contenido y alcance estos seis cánones que sirven de preámbulo a este Libro sobre el oficio de santificar a los hombres confiado por Cristo a su Iglesia.

1. Se ejerce en la Iglesia por medio de la liturgia (c. 834)

1. La Iglesia cumple la función de santificar de modo peculiar a través de la sagrada liturgia, que con razón se considera como el ejercicio de la función sacerdotal de Jesucristo, en la cual se significa la unificación de los hombres por signos sensibles y se realiza según la manera propia a cada uno de ellos, al par que se ejerce el culto público e íntegro a Dios por parte del Cuerpo místico de Jesucristo, es decir, la Cabeza y los miembros.

2. Este culto se tributa cuando se ofrece en nombre de la Iglesia por las personas legítimamente designadas y mediante aquellos actos aprobados por la autoridad de la Iglesia.

El canon integra dos aspectos que, no sólo son inseparables, sino que son correlativos: el culto y la santificación. El primero glorifica a Dios, y el segundo comunica la santidad de Dios a los participantes. A su vez, quien, convertido, se siente sujeto de esa santificación, se abre al culto mediante la celebración y con su vida. Esto supone una llamada para que nuestras celebraciones sacramentales y, en general, toda nuestra vida litúrgica no sean un mero ejercicio de actos externos, sino una vivencia exteriorizada del Dios que se hace presente en la Palabra y en el Sacramento.

En el canon 834 observamos los siguientes elementos que deben hacernos reflexionar para mejor aplicar los cánones que siguen (cc. 835-839):

1.° La santificación se obra de un modo peculiar mediante la Sagrada Liturgia, que es una mediación de la Iglesia.

2.° Esta santificación se actúa a través de signos sensibles, sujetos por lo tanto, en parte, a normas.

3.° Estos medios son el instrumento por el que el Cuerpo místico de Cristo rinde a Dios el único culto que puede agradarle y que él quiere.

4.° Este culto es un acto público de la Iglesia (c. 837) y, por lo tanto, sólo puede realizarse

— en nombre de la Iglesia,

— por personas legítimamente designadas para ello, y

— mediante acciones aprobadas por la autoridad de la Iglesia.

5.° Los fieles, en virtud de su sacerdocio común, tienen también parte en este oficio de santificar porque toda la Iglesia es sujeto de la acción litúrgica, si bien cada uno mediante su función propia (c. 837, 1). Ellos lo realizan con su participación en las celebraciones litúrgicas, principalmente en la celebración eucarística (c. 835, 4). La Instrucción *Actio pastoralis* de la Sagrada Congregación para el Culto Divino afirmaba en 1969: «Foméntese diligentemente la participación de los fieles, teniendo presentes las circunstancias particulares que rodean la celebración y los medios de que se dispone para lograr más fácilmente dicha participación» (n. 6).

6.º Es cierto que la Eucaristía necesita la presencia del presbítero, pero éste tiene una referencia a toda la Iglesia que se concretiza en la presencia y participación de los fieles.

2. **Participación de los fieles** (c. 835, 4)

A los demás fieles les corresponde también una parte propia en la función de santificar, participando activamente, según su modo propio, en las celebraciones litúrgicas y especialmente en la Eucaristía; en la misma función participan de modo peculiar los padres, impregnando de espíritu cristiano la vida conyugal y procurando la educación cristiana de sus hijos.

Todos los que se congregan para la Eucaristía son el pueblo santo, que, junto con los ministros, toma parte en la acción sagrada. La acción de los fieles en la Eucaristía consiste en que dan gracias a Dios y ofrecen la hostia inmaculada en unión con el sacerdote y por la recepción del cuerpo del Señor. Los fieles deben celebrar activamente la misa con la adhesión interior del espíritu y con la participación exterior de los ritos (Cf. *Eucharisticum mysterium,* 12).

3. **Las acciones litúrgicas** (c. 837)

1. Las acciones litúrgicas no son acciones privadas, sino celebraciones de la misma Iglesia, que es «sacramento de unidad», es decir, pueblo santo reunido y ordenado bajo la guía de los Obispos; por tanto, pertenecen a todo el cuerpo de la Iglesia, lo manifiestan y lo realizan; pero afectan a cada uno de sus miembros de manera distinta, según la diversidad de órdenes, funciones y participación actual.

2. Las acciones litúrgicas, en la medida en que su propia naturaleza postule una celebración comunitaria y donde pueda hacerse así, se realizarán con la asistencia y participación activa de los fieles.

4. **Otros medios de santificación** (c. 839)

1. También por otros medios realiza la Iglesia la función de santificar, a saber: con oraciones, por las que ruega a Dios que los fieles se santifiquen en la verdad, y con obras de penitencia y de caridad, que contribuyen en gran medida a que el Reino de Cristo se enraíce y fortalezca en las almas, y cooperan también a la salvación del mundo.

2. Procuren los Ordinarios del lugar que las oraciones y prácticas piadosas y sagradas del pueblo cristiano estén en plena conformidad con las normas de la Iglesia.

La fe no se agota en las celebraciones litúrgicas. Los sacramentos, ciertamente, son signos de fe, pero hay toda una vida extralitúrgica de fe que la Iglesia reconoce y consagra en este canon como medios perfectamente adecuados de santificación propia y de eficacia santificadora: la oración, la vida de sacrificio, las obras de caridad, etc.

PARTE PRIMERA - LOS SACRAMENTOS

A) Cánones generales (cc. 840-848):

1. Significado de los sacramentos y reverencia hacia ellos (c. 840)

Los sacramentos del Nuevo Testamento, instituidos por Cristo Nuestro Señor y encomendados a la Iglesia, en cuanto que son acciones de Cristo y de la Iglesia, son signos y medios con los que se expresa y fortalece la fe, se rinde culto a Dios y se realiza la santificación de los hombres, y por tanto contribuyen en gran medida a crear, corroborar y manifestar la comunión eclesiástica; por esta razón, tanto los sagrados ministros como los demás fieles deben comportarse con grandísima veneración y con la debida diligencia al celebrarlos.

Toda la teología de los sacramentos se resume prácticamente en este canon:

— Institución por Cristo Señor.

— La Iglesia es la única depositaria y administradora de los mismos.

— Son acciones de Cristo y de la Iglesia.

— Son signos de la fe y medios con los que ella se expresa y robustece.

— Mediante ellos se rinde a Dios un culto que le es agradable.

— Realizan la santificación de los hombres.

— Son expresión de la comunión de toda la Iglesia, la cual no sólo manifiestan, sino que además confirman.

Por todo ello, en su celebración se les debe la máxima veneración y diligencia, tanto por parte de los ministros como de los fieles que participan y los reciben. De aquí sus aspectos celebrativo y vivo.

Todo ello nos lleva a apreciar, respetar y venerar esta institución divina, desechando en las celebraciones todo lo que sobrepase el acontecimiento religioso, convirtiéndolo en un mero episodio social (Cf. Sínodo de los Obispos de 1980, proposición 12).

2. **Sacramentos de la iniciación cristiana** (c. 842, 2)

Los sacramentos del bautismo, de la confirmación y de la santísima Eucaristía están tan íntimamente unidos entre sí, que todos son necesarios para la plena iniciación cristiana.

El Código enuncia aquí brevemente la unidad de los sacramentos de la iniciación cristiana. Los tres se ordenan entre sí para llevar a su pleno desarrollo a los fieles, quienes «libres del poder de las tinieblas, muertos, sepultados y resucitados con Cristo, reciben el Espíritu de los hijos de adopción y celebran con todo el pueblo de Dios el memorial de la muerte y resurrección del Señor» (*Ad gentes,* n. 14).

B) **El bautismo** (cc. 849-878):

1. **Administracion del bautismo en los hospitales** (c. 860, 2)

A no ser que el Obispo diocesano establezca otra cosa, el bautismo no debe celebrarse en los hospitales, exceptuando el caso de necesidad o cuando lo exija otra razón pastoral.

En todos los cánones sobre el bautismo se da una importancia excepcional a la celebración comunitaria; es una perspectiva nueva en el Código. Antes se atendía exclusivamente a la salvación del niño; ahora se insiste en su vinculación a la Iglesia (cf. c. 849).

El párroco y la comunidad son agentes importantes en la celebración de este sacramento. Por ello, en principio, debe celebrarse en la parroquia ya que ésta asume en parte la responsabilidad de su educación en la fe.

Afirmamos estos principios a fin de acentuar más los motivos que pueden justificar la administración del bautismo en los hospitales, sanatorios y clínicas: sólo en caso de necesidad o cuando así lo aconsejen razones pastorales, a no ser que el

Ordinario haya ordenado otra cosa. En todo caso, cuídese siempre comunicarlo al párroco y preparar a los padres previamente (cc. 851, 2.° y 878).

Finalmente, es competencia del Obispo, después de haber escuchado el parecer del párroco del lugar, permitir o mandar que haya una fuente bautismal en el oratorio de un hospital (c. 858, 2). Aun en este caso pertenece también, normalmente, al párroco celebrar el bautismo, a menos que haya facultado para ello al capellán (Cf. *Ritual del Bautismo de niños,* n. 50).

2. **Ministro extraordinario del bautismo** (c. 861, 2)

Si está ausente o impedido el ministro ordinario, administra lícitamente el bautismo un catequista u otro destinado para esta función por el Ordinario del lugar y, en caso de necesidad, cualquier persona que tenga la debida intención; y han de procurar los pastores de almas, especialmente el párroco, que los fieles sepan bautizar debidamente.

En caso de necesidad, supuesta la ausencia o impedimento del sacerdote o diácono (c. 861, 1), sólo pueden administrar el Bautismo aquellos a quienes haya designado al efecto el Ordinario del lugar, los cuales «deberán respetar los puntos firmes y tratarán de adaptar lo mejor posible a cada circunstancia aquellos elementos que admitan una mayor flexibilidad» (*Ritual...*, pág. 5).

Cuando en las circunstancias señaladas el Bautismo lo administra una religiosa o un fiel laico, debe guardar el ritual apropiado: oración de los fieles, rito del bautizo y oración dominical (Ib., nn. 161-168).

Todas las religiosas, pero sobre todo las que por su oficio, por ejemplo enfermeras, pueden verse en estas circunstancias, deben tener el máximo interés por conocer bien el modo correcto de bautizar en caso de emergencia.

3. **Bautismo de los niños expósitos** (c. 870)

El niño expósito o que se halló abandonado debe ser bautizado, a no ser que conste su bautismo después de una investigación diligente.

El ministro propio es el párroco del lugar y a él corresponde hacer la inscripción del Bautismo administrado y de las circunstancias concurrentes (c. 877, 2).

4. **Bautismo de los fetos abortivos** (c. 871)

En la medida de lo posible se deben bautizar los fetos abortivos, si viven.

Aplíquese la fórmula breve del Ritual para los casos urgentes (nn. 165 y 168).

5. **Notificación al párroco propio del bautizado** (c. 878)

Si el bautismo no fue administrado por el párroco ni estando él presente, el ministro, quienquiera que sea, debe informar al párroco de aquella parroquia en la cual se administró el sacramento, para que haga la inscripción según indica el can. 877, § 1.

Cuando las religiosas administran el Bautismo en clínicas, casas de expósitos, etc., deben notificarlo, con los datos que se especifican en el canon 877, al párroco, no de los padres, sino del lugar o parroquia donde está enclavada la clínica o casa.

C) **La confirmación** (cc. 889-896):

— **Obligación de todos los fieles de recibirla** (c. 890)

Los fieles están obligados a recibir este sacramento en el tiempo oportuno; los padres y los pastores de almas sobre todo los párrocos, procuren que los fieles sean bien preparados para recibirlo y que lo reciban en el tiempo oportuno.

Ya hemos manifestado anteriormente la unidad de los tres sacramentos de la iniciación cristiana y su significación en la vida de un fiel cristiano. Aunque este sacramento, según se afirmaba en el anterior Código no sea necesario con necesidad de medio para salvarse, sin embargo el Código actual, precisamente por las razones antes aducidas, establece la obligación que tiene todo bautizado de recibir el sacramento de la Confirmación.

Las Superioras deben procurar que las aspirantes que no lo hayan recibido lo hagan antes de iniciar el noviciado. La plenitud de vida evangélica a la que aspiran supone la plenitud de vida eclesial que significan los sacramentos de la iniciación cristiana (Cf. c. 645, 1).

D) **La eucaristía** (cc. 897-958):

La santísima Eucaristía es ciertamente el sacrificio de Cristo, pero lo es también de toda la Iglesia. La Instrucción Eucharisticum mysterium, del 25 de mayo de 1967, de la Sagrada Congregación para el Culto Divino, nos ofrece una recopilación de la doctrina contenida en los documentos hasta entonces de la Santa Sede acerca de la Misa, de la comunión, de la reserva del Santísimo Sacramento y de los principales actos de culto eucarístico.

En estos primeros cánones se da una densidad doctrinal que podríamos calificar casi de excesiva. Su explicación supondría todo un tratado de teología sacramental. Por esto, como en ellos apenas se da normativa alguna, nos limitamos a reproducir el texto, pues su lectura y atenta consideración han de iluminar cuanto, respecto al sacramento eucarístico, se establece en los cánones siguientes. Destacamos, sin embargo, las siguientes ideas:

1.ª La Eucaristía es el centro y la vida de toda la Iglesia.

2.ª Es el culmen y la fuente de todo el culto y de la vida cristiana.

3.ª En él se realiza la unidad del pueblo de Dios y la edificación del Cuerpo de Cristo.

4.ª Todos los demás sacramentos se ordenan a él.

5.ª Honor que se le debe, participación activa en la celebración, recepción frecuente y suma adoración.

6.ª Participación activa de todos, clérigos y laicos, cada uno según la diversidad de órdenes y oficios litúrgicos.

7.ª Disposición adecuada para obtener la mayor abundancia posible de frutos.

1. **El sacramento eucarístico** (c. 897)

El sacramento más augusto, en el que se contiene, se ofrece y se recibe al mismo Cristo Nuestro Señor, es la santísima Eucaristía, por la que la Iglesia vive y crece continuamente. El Sacrificio Eucarístico, memorial de la muerte y resurrección del Señor, en el cual se perpetúa a lo largo de los siglos el Sacrificio de la cruz, es el culmen y la fuente de todo el culto y de toda la vida cristiana, por el que se significa y realiza la unidad del pueblo de Dios y se lleva a término la edificación del cuerpo de Cristo. Así, pues, los demás sacramentos y todas las obras eclesiásticas de apostolado se unen estrechamente a la santísima Eucaristía y a ella se ordenan.

2. **Veneración que se le debe** (c. 898)

Tributen los fieles la máxima veneración a la santísima Eucaristía, tomando parte activa en la celebración del Sacrificio augustísimo, recibiendo este sacramento frecuentemente y con mucha devoción, y dándole culto con suma adoración; los pastores de almas, al exponer la doctrina sobre este sacramento, inculquen diligentemente a los fieles esta obligación.

3. **La celebración eucarística** (c. 899)

1. La celebración eucarística es una acción del mismo Cristo y de la Iglesia, en la cual Cristo Nuestro Señor, por el ministerio del sacerdote, se ofrece a sí mismo a Dios Padre, substancialmente presente bajo las especies del pan y del vino, y se da como alimento espiritual a los fieles unidos a su oblación.

2. En la Asamblea eucarística, presidida por el Obispo, o por un presbítero bajo su autoridad, que actúan personificando a Cristo, el pueblo de Dios se reúne en unidad; y todos los fieles que asisten, tanto clérigos como laicos, concurren tomando parte activa, cada uno según su modo propio, de acuerdo con la diversidad de órdenes y de funciones litúrgicas.

3. Ha de disponerse la celebración eucarística de manera que todos los que participen en ella perciban frutos abundantes, para cuya obtención Cristo Nuestro Señor instituyó el Sacrificio Eucarístico.

4. **La sagrada comunión:**

a) **Ministro extraordinario** (c. 910, 2)

Es ministro extraordinario de la sagrada comunión el acólito, o también otro fiel designado según el can. 230, § 3.

El alcance de la potestad que este canon confiere a los fieles, y por lo tanto también a las religiosas, queda explicado a propósito de las obligaciones y derechos de los fieles laicos en el canon 230 (Cf. pág. 35).

Esta potestad ya la había otorgado en 1973 la Sagrada Congregación de la Disciplina de los Sacramentos mediante la Instrucción «*Immensae caritatis*». En ella se establecen las condiciones: a) que no haya sacerdote, diácono o acólito; b) o que, habiéndolos, no puedan administrar la comunión, por impedírselo otro ministerio pastoral, o falta de salud, o edad avanzada; c) que sean tantos los fieles que piden la comunión que sería preciso alargar demasiado la Misa o la distribución de la comunión fuera de ella. En la misma Instrucción (n. IV) se prevé que esta facultad pueda ser dada a una religiosa; y tratándose de sus oratorios, la necesidad exigida es menor para poder facultar a la Superiora para distribuir la sagrada comunión (n. V). En todo caso, la distribución deberán hacerla según las normas litúrgicas (n. VI), y que puede verse en el «Ritual de la Sagrada Comunión y del culto a la Eucaristía fuera de la Misa» (nn. 19-22).

b) **Repetición en el mismo día** (c. 917)

Quien ya ha recibido la santísima Eucaristía puede de nuevo recibirla el mismo día solamente dentro de la celebración eucarística en la que participe, quedando a salvo lo que prescribe el can. 921, § 2.

Con lo aquí establecido quedan superadas las limitaciones que establecía la Instrucción *Immensae caritatis* (n. 2). Las religiosas pueden comulgar dos veces en el mismo día con tal que sea dentro de la celebración eucarística, quedando a salvo el canon 921 acerca de los que se hallan en trance de muerte a los cuales, en cualquier caso, se les puede y debe administrar el santo viático.

c) **Comunión dentro y fuera de la Misa** (c. 918)

Se aconseja encarecidamente que los fieles reciban la sagrada comunión dentro de la celebración eucarística; sin embargo, cuando lo pidan con causa justa, se les debe administrar la comunión fuera de la Misa, observando los ritos litúrgicos.

Frente a algunas corrientes de opinión contrarias a ello, queda aquí sancionada la legitimidad de recibir la sagrada comunión fuera de la Misa cuando no es posible recibirla dentro de la celebración eucarística (Cf. *Eucharisticum mysterium*, n. 33).

d) **Ayuno eucarístico** (c. 919, 1 y 3)

1. *Quien vaya a recibir la santísima Eucaristía ha de*

abstenerse de tomar cualquier alimento y bebida al menos desde una hora antes de la sagrada comunión, a excepción sólo del agua y de las medicinas.

3. Las personas de edad avanzada o enfermas, y asimismo quienes las cuidan, pueden recibir la santísima Eucaristía aunque hayan tomado algo en la hora inmediatamente anterior.

El canon 919 es mucho más amplio que las normas anteriores que privilegiaban en este aspecto a los ancianos y enfermos. Para éstos, sin embargo, en el párrafo 3 del mismo canon, se suprime cualquier restricción. Es una novedad del Código la ampliación que se hace de esta exención del ayuno eucarístico a las enfermeras u otras personas que están al cuidado de los mismos.

e) **Comunión bajo las dos especies** (c. 925)

Adminístrese la sagrada comunión bajo la sola especie del pan o, de acuerdo con las leyes litúrgicas, bajo las dos especies; en caso de necesidad, también bajo la sola especie del vino.

Este asunto ya había sido tratato detalladamente por el Decreto *Ecclesiae semper* de la Sagrada Congregación de Ritos en 1965 y, en 1970, por la Instrucción *Sacramentali communione* de la Sagrada Congregación para el Culto Divino así como la Instrucción *Eucharisticum mysterium,* n. 32. Allí se establecían normas más rigurosas, incluso se sometía al juicio de las Conferencias Episcopales con un elenco de casos en los que se permitía la comunión bajo las dos especies.

El Código no dice nada sobre aquello. Y, por lo tanto, se deja al criterio del ministro, quien, no obstante, deberá atenerse al espíritu de aquellos documentos y a sus indicaciones pastorales. En cuanto a los modos, síganse los establecidos en la Instrucción general del Misal romano.

La posibilidad de administrar la comunión sólo bajo la especie del vino puede acontecer, por ejemplo, en el caso de enfermas que no pueden tomar nada sólido o son alérgicas al gluten de la harina. Así respondió la Sagrada Congregación para la Doctrina de la Fe el 29 de octubre de 1982.

En cuanto al uso de la comunión en la mano, a tenor de la Instrucción *Memoriale Domini,* del 29 de mayo de 1969, hay que estar a lo establecido por la Conferencia Episcopal.

f) **Hora para recibir la comunión** (c. 931)

La celebración y administración de la Eucaristía puede hacerse todos los días y a cualquier hora, con las excepciones que se establecen en las normas litúrgicas.

Concretamente, se excluye el Triduo Sacro fuera de las celebraciones litúrgicas. Se exceptúa el caso de quienes se encuentran en peligro de muerte. La facilidad de recibir la comunión a cualquier hora no excluye la obligación de guardar el ayuno eucarístico (c. 919, 1) y la recomendación encarecida de recibirla dentro de la Misa (c. 918).

g) **Lugar donde debe reservarse la Santísima Eucaristía** (cc. 934, 936 y 937)

934 *1. La santísima Eucaristía:*

1.º debe estar reservada en la iglesia catedral o equiparada a ella, en todas las iglesias parroquiales y en la iglesia u oratorio anejo a la casa de un instituto religioso o sociedad de vida apostólica;

2.º En los lugares sagrados donde se reserva la santísima Eucaristía debe haber siempre alguien a su cuidado y, en la medida de lo posible, celebrará allí la Misa un sacerdote al menos dos veces al mes.

2. En los lugares sagrados donde se reserva la santísima Eucaristía debe haber siempre alguien a su cuidado y, en la medida de lo posible, celebrará allí la Misa un sacerdote al menos dos veces al mes.

936 *En la casa de un instituto religioso o en otra casa piadosa, se debe reservar la santísima Eucaristía sólo en la iglesia o en el oratorio principal anejo a la casa; pero el Ordinario, por causa justa, puede permitir que se reserve también en otro oratorio de la misma casa.*

937 *La iglesia en la que está reservada la santísima Eucaristía debe quedar abierta a los fieles, por lo menos algunas horas al día, a no ser que obste una razón grave, para que puedan hacer oración ante el santísimo Sacramento.*

La guarda del santísimo sacramento tiene su fundamento teológico y también sus razones ecuménicas en el hecho de que la Eucaristía no es sólo para ser celebrada, sino también para venerarla (c. 898) y para recibirla incluso fuera de la Misa (c. 931).

Debe conservarse en la iglesia u oratorio principal de la casa religiosa. Para conservarlo en otros oratorios o capillas privadas se requiere licencia del Ordinario del lugar. La idea del canon 937 es que no sólo esté abierta durante el tiempo de la celebración eucarística, sino también en otros momentos del día en que a los fieles les es más cómodo visitar el santísimo sacramento. Basta con que puedan tener fácil acceso aunque no sea por la puerta principal.

Cuando las religiosas tienen un oratorio exclusivo para la comunidad y en él se guarda el Santísimo, debe celebrarse allí la Misa, al menos dos veces al mes (c. 934, 2).

5. **El tabernáculo** (c. 938)

1. Habitualmente, la santísima Eucaristía estará reservada en un solo sagrario de la iglesia u oratorio.

2. El sagrario en el que se reserva la santísima Eucaristía ha de estar colocado en una parte de la iglesia u oratorio verdaderamente noble, destacada, convenientemente adornada y apropiada para la oración.

3. El sagrario en el que se reserva habitualmente la santísima Eucaristía debe ser inamovible, hecho de materia sólida no transparente, y cerrado de manera que se evite al máximo el peligro de profanación.

4. Por causa grave, se puede reservar la santísima Eucaristía en otro lugar digno y más seguro, sobre todo, durante la noche.

5. Quien cuida de la iglesia u oratorio ha de proveer a que se guarde con la mayor diligencia la llave del sagrario en el que está reservada la santísima Eucaristía.

No se pemite tener un oratorio para sólo la reserva del santísimo sacramento, pero si las religiosas, además de la iglesia u oratorio principal, tienen otro o una capilla donde habitualmente recitan las Horas litúrgicas y realizan sus actos piadosos, pueden tenerle también allí reservado con el permiso del Ordinario del lugar (c. 934, 1-2).

El sagrario debe estar en perfecta armonía con todos los otros aspectos que integran la totalidad del misterio eucarístico. Debe ocupar un lugar preminente y destacado pero no se le encumbre tanto que aparezca como cosa aparte de la celebración.

6. **Renovación de las sagradas formas** (c. 939)

Deben guardarse en un copón o recipiente las Hostias consagradas, en cantidad que corresponda a las necesidades de los fieles, y renovarse con frecuencia, consumiendo debidamente las anteriores.

7. **Luz ante el Santísimo** (c. 940)

Ante el sagrario en el que está reservada la santísima Eucaristía ha de lucir constantemente una lámpara especial, con la que se indique y honre la presencia de Cristo.

8. **Exposición del Santísimo** (cc. 941-942)

941 *1. En las iglesias y oratorios en los que esté permitido tener reservada la santísima Eucaristía, se puede hacer la exposición tanto con el copón como con la custodia, cumpliendo las normas prescritas en los libros litúrgicos.*

2. Durante la celebración de la Misa, no se tenga exposición del santísimo Sacramento en la misma iglesia u oratorio.

942 *Es aconsejable que en esas mismas iglesias y oratorios se haga todos los años exposición solemne del santísimo Sacramento, que dure un tiempo adecuado, aunque no sea continuo, de manera que la comunidad local medite más profundamente sobre el misterio eucarístico y lo adore; sin embargo, esa exposición se hará sólo si se prevé una concurrencia proporcionada de fieles, y observando las normas establecidas.*

9. **Ministro de la exposición del Santísimo Sacramento** (c. 943)

Es ministro de la exposición del santísimo Sacramento y de la bendición eucarística el sacerdote o el diácono; en circunstancias peculiares, sólo para la exposición y reserva, pero sin bendición, lo son el acólito, el ministro extraordinario de la sagrada comunión u otro encargado por el Ordinario del lugar, observando las prescripciones dictadas por el Obispo diocesano.

El Ordinario del lugar puede autorizar para los casos de necesidad a una o varias religiosas. Deberán observar las normas del Obispo, si es que las diere, y en ningún caso pueden dar la bendición con el Santísimo.

E) **La penitencia** (cc. 959-997):

1. **Signo de reconciliación** (c. 959)

En el sacramento de la penitencia, los fieles que confiesan sus pecados a un ministro legítimo, arrepentidos de ellos y con propósito de enmienda, obtienen de Dios el perdón de los pecados cometidos después del bautismo, mediante la absolución dada por el mismo ministro y, al mismo tiempo, se reconcilian con la Iglesia, a la que hirieron al pecar.

El pecado no tiene más expiación que la conversión sincera. Pero la reconciliación con Dios tiene su expresión y su signo más eficaz en la reconciliación con la Iglesia; sólo quien se siente reconciliado con los hermanos puede experimentar el don de sentirse reconciliado con Dios. Esta reconciliación la realiza la Iglesia en su vida y la celebra en su liturgia siempre que los fieles se confiesan pecadores e imploran el perdón de Dios y de sus hermanos, como acontece en las celebraciones penitenciales, en la proclamación de la Palabra de Dios, en la oración y en los actos penitenciales de la celebración eucarística (Cf. *Ritual de la Penitencia,* n. 4).

La finalidad última de la penitencia que Dios quiere de nosotros consiste en lograr que amemos intensamente a Dios y nos consagremos a él y ello lleva consigo siempre, por la solidaridad sobrenatural que nos une a todos los hombres, una reconciliación con los hermanos a quienes el propio pecado perjudica (*Lumen gentium,* n. 11; cf. la constitución apostólica *Indulgentiarum doctrina* de S. S. Pablo VI, del 1 de enero de 1967, n. 4).

El *Ritual de la Penitencia* establece tres ritos diferentes: para reconciliar a un solo penitente, para reconciliar a varios penitentes con confesión y absolución individual, y para reconciliar a muchos penitentes con confesión y absolución general.

Este canon se refiere al primero de ellos y establece que éste es el único modo ordinario de reconciliarse con Dios y con la Iglesia.

El rito segundo tiene un gran sentido comunitario y puede realizarse por razones pastorales. La celebración común manifiesta más claramente la naturaleza eclesial de la penitencia, ya que los fieles oyen juntos la palabra de Dios, la cual al proclamar la misericordia divina, les invita a la conversión; juntos también, examinan su vida a la luz de la misma palabra de

Dios y se ayudan mutuamente con la oración. Después que cada uno ha confesado sus pecados y recibido la absolución, todos a la vez alaban a Dios por las maravillas que ha realizado en favor del pueblo que adquirió para sí con la sangre de su Hijo (*Ritual de la Penitencia,* n. 22).

El rito tercero, por el contrario, sólo se pude emplear cuando se dé la imposibilidad que apunta el canon 960 y con las condiciones que se detallan en los cánones siguientes, en los que se recogen con mayor precisión las normas pastorales *Sacramentum poenitentiae* de la Sagrada Congregación para la Doctrina de la Fe, del 16 de junio de 1972.

2. **La confesión individual** (c. 960)

La confesión individual e íntegra y la absolución constituyen el único modo ordinario con el que un fiel consciente de que está en pecado grave se reconcilia con Dios y con la Iglesia; sólo la imposibilidad física o moral excusa de esa confesión, en cuyo caso la reconciliación se puede tener también por otros medios.

3. **Absolución colectiva** (cc. 961, 962 y 963)

961 *1. No puede darse la absolución a varios penitentes a la vez sin previa confesión individual y con carácter general a no ser que:*

1.º amenace un peligro de muerte, y el sacerdote o los sacerdotes no tengan tiempo para oir la confesión de cada penitente;

2.º haya una necesidad grave, es decir, cuando, teniendo en cuenta el número de penitentes, no hay bastantes confesores para oir debidamente la confesión de cada uno dentro de un tiempo razonable, de manera que los penitentes, sin culpa por su parte, se verían privados durante notable tiempo de la gracia sacramental o de la sagrada comunión; pero no se considera suficiente necesidad cuando no se puede disponer de confesores a causa sólo de una gran concurrencia de penitentes, como puede suceder en una gran fiesta o peregrinación.

2. Corresponde al Obispo diocesano juzgar si se dan las condiciones requeridas a tenor del § 1, n. 2, el cual, teniendo en cuenta los criterios acordados con los demás miembros de la Conferencia Episcopal, puede determinar los casos en los que se verifica esa necesidad.

962 *1. Para que un fiel reciba válidamente la absolución sacramental dada a varios a la vez, se requiere no sólo que esté debidamente dispuesto, sino que se proponga a la vez hacer en su debido tiempo confesión individual de todos los pecados graves que en las presentes circunstancias no ha podido confesar de ese modo.*

2. En la medida de lo posible, también al ser recibida la absolución general, instrúyase a los fieles sobre los requisitos expresados en el § 1 y exhórtese antes de la absolución general, aun en peligro de muerte si hay tiempo, a que cada uno haga un acto de contrición.

963 *Quedando firme la obligación de que trata el can. 989, aquel a quien se le perdonan pecados graves con una absolución general debe acercarse a la confesión individual lo antes posible, en cuanto tenga ocasión, antes de recibir otra absolución general, de no interponerse causa justa.*

4. Lugar para oir confesiones (c. 964, 1 y 3)

1. El lugar propio para oir confesiones es una iglesia u oratorio.

2. Por lo que se refiere a la sede para oir confesiones, la Conferencia Episcopal dé normas, asegurando en todo caso que existen siempre en lugar patente confesionarios previstos de rejillas entre el penitente y el confesor que puedan utilizar libremente los fieles que así lo deseen.

3. No se deben oir confesiones fuera del confesonario, si no es por justa causa.

Los fieles pueden usar o no libremente de la rejilla, lo que significa que, con causa justificada, la confesión puede hacerse también fuera del confesonario así como fuera del lugar propio que se señala en el párrafo 1 (cf. párrafo 3).

5. Integridad de la confesión (c. 988)

1. El fiel está obligado a confesar según su especie y número todos los pecados graves cometidos después del bautismo y aún no perdonados directamente por la potestad de las llaves de la Iglesia ni acusados en confe-

sión individual, de los cuales tenga conciencia después de un examen diligente.

2. Se recomienda a los fieles que confiesen también los pecados veniales.

6. **Obligación de la confesión anual** (c. 989)

Todo fiel que haya llegado al uso de razón está obligado a confesar fielmente sus pecados graves al menos una vez al año.

F) **Unción de los enfermos** (cc. 998-1007):

1. **Recepción individual y celebración comunitaria** (cc. 1001 y 1002)

1001. *Los pastores de almas y los familiares del enfermo deben procurar que sea reconfortado en tiempo oportuno con este sacramento.*

1002. *La celebración común de la unción de los enfermos para varios enfermos al mismo tiempo, que estén debidamente preparados y rectamente dispuestos, puede hacerse de acuerdo con las prescripciones del Obispo diocesano.*

El *Ritual de la Unción de los enfermos* aconseja la celebración comunitaria de este sacramento, sobre todo en las residencias de ancianos, para expresar la solidaridad de toda la Iglesia con los que sufren la ancianidad o la enfermedad grave, así como el sentido vivificador, reconciliador y santificante de este sacramento.

En las residencias dirigidas por religiosas, a ellas incumbe la responsabilidad subsidiaria del capellán de que ningún fiel muera sin este providencial auxilio espiritual.

2. **A quiénes debe administrarse** (c. 1004, 1)

Se puede administrar la unción de los enfermos al fiel que, habiendo llegado al uso de la razón, comienza a estar en peligro por enfermedad o vejez.

3. **Reiteración del sacramento** (c. 1004, 2)

Puede reiterarse este sacramento si el enfermo, una vez recobrada la salud, contrae de nuevo una enferme-

dad grave, o si, durante la misma enfermedad, el peligro se hace más grave.

4. Sujeto de la unción:

a) En el caso de duda de uso de razón (c. 1005)

En la duda sobre si el enfermo ha alcanzado el uso de razón, sufre una enfermedad grave o ha fallecido ya, adminístresele este sacramento.

b) Los que están en posesión de sus facultades (c. 1006)

Debe administrarse este sacramento a los enfermos que, cuando estaban en posesión de sus facultades, lo hayan pedido al menos de manera implícita.

Las que tienen enfermos o ancianos a su cuidado deben procurar mentalizarles y prepararles para que reciban este sacramento en su pleno conocimiento y no esperar el momento de la agonía para administrárselo (Cf. *Sacrosanctum Concilium,* n. 73).

c) Los pecadores obstinados (c. 1007)

No se dé la unción de los enfermos a quienes persisten obstinadamente en un pecado grave manifiesto.

No debe negárseles sin más, sino que deben emplearse todos los medios para moverles a la conversión y a la reconciliación con Dios, deponiendo su actitud obstinada.

G) Matrimonio:

1. Obligación de denunciar el impedimento conocido (c. 1069)

Todos los fieles están obligados a manifestar al párroco o al Ordinario del lugar, antes de la celebración del matrimonio, los impedimentos de que tengan noticia.

Citamos este canon porque es obligatorio para todos los fieles. También una religiosa puede tener conocimiento de algún impedimento que sea obstáculo para el matrimonio en cuyo caso debe, con obligación grave, ponerlo en conocimiento del párroco o del Ordinario del lugar.

2. El voto perpetuo de castidad hace nulo el matrimonio (c. 1088)

Atentan inválidamente el matrimonio quienes están vinculados por voto público perpetuo de castidad en un instituto religioso.

Ya no existe, en cuanto a la nulidad del matrimonio, la antigua diferencia entre voto simple y solemne de castidad, sino sólo entre temporal y perpetuo. Las religiosas que han emitido solamente el voto temporal de castidad contraerían válida pero ilícitamente el matrimonio.

3. Dispensa del voto de castidad para contraer matrimonio (c. 1078, 2-1)

Los impedimentos cuya dispensa se reserva a la Sede Apostólica son:

1.° el impedimento que proviene de haber recibido las sagradas órdenes o del voto público perpetuo de castidad en un instituto religioso de derecho pontificio;

Si el voto es público pero el instituto religioso es de derecho diocesano, lo dispensa el Ordinario del lugar donde esté ubicada la casa a la que pertenece de familia la religiosa.

4. Asistencia al matrimonio (c. 1112)

1. Donde no haya sacerdotes ni diáconos, el Obispo diocesano, previo voto favorable de la Conferencia Episcopal y obtenida licencia de la Santa Sede, puede delegar a laicos para que asistan a los matrimonios.

2. Se debe elegir un laico idóneo, capaz de instruir a los contrayentes y apto para celebrar debidamente la liturgia matrimonial.

Es una de las funciones que pueden encomendarse a una religiosa que, por especial designación, atiende o colabora en los cuidados pastorales de una parroquia o zona. Por lo demás, quien asiste al matrimonio no es ministro del sacramento (ministros son los propios contrayentes) sino el testigo cualificado de la Iglesia en la celebración.

Quienes así asisten al matrimonio deben cumplir lo que establecen los cánones 1114 y 1121, 1, sobre la certeza que deben tener de la libertad de los contrayentes y sobre la anotación del matrimonio (cónyuges, el propio asistente, testigos, lugar y día) en el libro de registro correspondiente.

Aunque una religiosa no puede predicar la homilía (c. 767, 1), en este caso, al asumir legítimamente el papel de representante oficial de la Iglesia, puede lícitamente hacer un comentario de la palabra de Dios.

Si asistiendo al matrimonio en peligro de muerte existiese entre los contrayentes o en alguno de ellos un impedimento dirimente que hace nulo el matrimonio (cc. 1083-1094), no puede dispensar del impedimento ya que la dispensa es un acto de potestad de régimen de la que la religiosa es incapaz. Claramente se dice en el canon 1079, 2 y 3, que esto sólo puede hacerlo el «ministro sagrado».

Tampoco puede dispensar de los mismos impedimentos si se diese el caso, llamado «perplejo», que se describe en el canon 1080, 1, es decir, si se descubre el impedimento cuando todo está preparado para la boda y no hay tiempo, sin peligro de un grave daño, para acudir a la autoridad que tiene potestad para dispensar.

5. **Penas contra el religioso que atenta contraer matrimonio civil** (c. 1394, 2)

El religioso de votos perpetuos, no clérigo, que atenta contraer matrimonio aunque sólo sea el civil, incurre en entredicho latae sententiae, *además de lo establecido en el can. 694.*

Según el canon 694, queda automáticamente expulsado del instituto; no necesita decreto de expulsión. En cuanto al alcance del entredicho, véase el canon 1332.

PARTE SEGUNDA - DE LOS DEMAS ACTOS DEL CULTO DIVINO

A) **Sacramentales** (cc. 1166-1172):

— **Ministro ocasional** (c. 1168)

Es ministro de los sacramentales el clérigo provisto de la debida potestad; pero, según lo establecido en los libros litúrgicos y a juicio del Ordinario, algunos sacramentales pueden ser administrados también por laicos que posean las debidas cualidades.

Sacramentales son «signos sagrados, por los que, a imitación en cierto modo de los sacramentos, se significan y se obtienen por intercesión de la Iglesia unos efectos principalmente espirituales» (c. 1166).

Tienen una cierta semejanza con los sacramentos en cuanto que, como éstos, son cosas sensibles y producen algunos efectos principalmente espirituales o relacionados con un fin espiritual. Los Rituales en cada caso dirán si pueden o no ser administrado por personas que no tienen la potestad sagrada.

B) Liturgia de las horas:

1. **Oración de la Iglesia** (c. 1173)

La Iglesia, ejerciendo la función sacerdotal de Cristo, celebra la liturgia de las horas, por la que, oyendo a Dios que habla a su pueblo y recordando el misterio de salvación, le alaba sin cesar con el canto y la oración, al mismo tiempo que ruega por la salvación de todo el mundo.

La función sacerdotal de Cristo se prolonga a través de la Iglesia, no sólo celebrando la Eucaristía, sino también de otras maneras, principalmente recitando el Oficio divino, el cual, en cuanto oración pública de la Iglesia, tiene un gran valor pastoral y es además fuente de piedad y alimento de la oración personal. Así se expresa la constitución conciliar *Sacrosanctum Concilium* sobre la Sagrada Liturgia (nn. 83, 86 y 90).

2. **Quiénes están obligados a su recitación** (c. 1174)

1. La obligación de celebrar la liturgia de las horas vincula a los clérigos según la norma del can. 276, § 2, n. 3; y a los miembros de los institutos de vida consagrada y sociedades de vida apostólica, conforme a sus constituciones.

2. Se invita encarecidamente también a los demás fieles a que, según las circunstancias, participen en la liturgia de las horas, puesto que es acción de la Iglesia.

Las constituciones generales determinarán qué partes de la liturgia de las horas se deberán rezar en común y en particular. La obligatoriedad de la recitación dependerá de la que tengan las constituciones en preceptos de igual rango, a menos que sobre este particular establezcan algo en concreto.

3. **Tiempo de su rezo** (c. 1175)

Al celebrar la liturgia de las horas, se ha de procurar observar el curso natural de cada hora en la medida de lo posible.

C) **Exequias** (cc. 1176-1185):

— **Exequias de los religiosos** (c. 1179)

Las exequias de los religiosos o miembros de sociedades de vida apostólica, se celebrarán generalmente en la propia iglesia u oratorio por el Superior, si el instituto o sociedad son clericales; o por el capellán en los demás casos.

D) **Culto de los santos, imágenes y reliquias** (cc. 1186-1190):

1. **Justificación de este culto** (c. 1186)

Con el fin de promover la santificación del pueblo de Dios, la Iglesia recomienda a la peculiar y filial veneración de los fieles la Bienaventurada siempre Virgen María, Madre de Dios, a quien Cristo constituyó Madre de todos los hombres; asimismo promueve el culto verdadero y auténtico de los demás Santos, con cuyo ejemplo se edifican los fieles y con cuya intercesión son protegidos.

El Código ha recogido la viva exhortación del Concilio recomendando el culto, sobre todo el litúrgico, a la Bienaventurada Virgen María como también las prácticas y ejercicios de piedad hacia ella recomendados en el curso de los siglos por el Magisterio (*Lumen gentium*, 67).

Y respecto al culto de los santos, también se hace eco del Concilio cuando nos recuerda que «no consiste tanto en la multiplicidad de los actos exteriores, cuanto en la intensidad de un amor práctico, por el cual, para mayor bien nuestro y de la Iglesia, buscamos en los santos el ejemplo de su vida, la participación de su amistad y la ayuda de su intercesión» (Ib., 51).

2. **Veneración de las imágenes** (c. 1188)

Debe conservarse firmemente el uso de exponer a la veneración de los fieles imágenes sagradas en las iglesias, pero ha de hacerse en número moderado y guardando el orden debido, para que no provoquen extrañeza en el pueblo cristiano ni den lugar a una devoción desviada.

El mismo Concilio, a este respecto, dice textualmente: «Manténgase firmemente la práctica de exponer imágenes sagradas a la veneración de los fieles; con todo, que sean pocas en número y guarden entre ellas el debido orden, a fin de que no causen extrañeza al pueblo cristiano ni favorezcan una devoción menos ortodoxa» (*Sacrosanctum Concilium,* 125).

PARTE TERCERA - DE LOS LUGARES Y TIEMPOS SAGRADOS

A) Lugares sagrados:

1. **Iglesias** (cc. 1214-1222):

— **Permiso para su construcción** (c. 1215, 3)

También los institutos religiosos deben obtener licencia del Obispo diocesano antes de edificar una iglesia en un lugar fijo y determinado, aun cuando ya tuvieran su consentimiento para establecer una nueva casa en la diócesis o ciudad.

Se trata de dos permisos distintos, aunque suelen concederse en el mismo acto de autorizar la fundación: uno para edificar la iglesia, aneja a la casa religiosa, y otro para construirla en un lugar fijo y determinado. La razón de este mandato es para prever perjuicios o competencias malentendidas que pudieran surgir con otras comunidades religiosas cercanas o con el propio templo parroquial. Para tener oratorio, no iglesia, no hace falta permiso especial (Cf. c. 608).

2. Oratorios:

a) **Concepto de oratorio** (c. 1223)

Con el nombre de oratorio se designa un lugar destinado al culto divino con licencia del Ordinario, en benefi-

cio de una comunidad o grupo de fieles que acuden allí, al cual también pueden tener acceso otros fieles, con el consentimiento del Superior competente.

Ya no existe la antigua división de oratorios públicos, semipúblicos y privados.

Oratorio, erigido con la licencia del Ordinario, es el que está al servicio de una comunidad pero al que tienen acceso, con permiso de la Superiora, los otros fieles, los cuales pueden cumplir en él con el precepto dominical.

b) Quién da la licencia para construirlo. Condiciones (c. 1224)

1. El Ordinario no debe conceder la licencia requerida para establecer un oratorio, antes de visitar personalmente o por medio de otro el lugar destinado a oratorio y de considerarlo dignamente instalado.

2. Una vez concedida la licencia, el oratorio no puede destinarse a usos profanos sin autorización del mismo Ordinario.

Se trata de otros oratorios distintos al que va anejo a la autorización para fundar la casa religiosa (Cf. c. 608).

c) Qué celebraciones pueden realizarse en ellos (c. 1225)

En los oratorios legítimamente constituidos pueden realizarse todas las celebraciones sagradas, a no ser las exceptuadas por el derecho, por prescripción del Ordinario del lugar o que lo impidan las normas litúrgicas.

d) Bendición de un oratorio (c. 1229)

Conviene que los oratorios y las capillas privadas se bendigan según el rito prescrito en los libros litúrgicos; y deben reservarse exclusivamente para el culto divino y quedar libres de cualquier uso doméstico.

3. Capillas privadas:

a) Concepto (c. 1226)

Con el nombre de capilla privada se designa un lugar

destinado al culto divino con licencia del Ordinario del lugar, en beneficio de una o varias personas físicas.

Las capillas privadas de las religiosas, jurídicamente, se equiparan a los oratorios, salvo en el derecho de los fieles a acceder a ellas. Ya se ha hablado antes sobre la posibilidad de reservar en estas capillas el santísimo sacramento y la obligación de celebrar en ellas periódicamente la santa Misa, si es que se tiene allí reservado.

Las religiosas, para cuyo uso está erigida la capilla, cumplen en ella con el precepto dominical. Los fieles, como se ha dicho, no tienen derecho a acceder a ellas pero, si se les permite, también ellos cumplen asistiendo a la celebración eucarística los días festivos pues nada dice en contra el Código.

Queda en fime el canon 1228 según el cual para cualesquiera celebraciones en estas capillas se requiere el permiso del Ordinario.

b) **Bendición** (c. 1229)

Conviene que los oratorios y las capillas privadas se bendigan según el rito prescrito en los libros litúrgicos; y deben reservarse exclusivamente para el culto divino y quedar libres de cualquier uso doméstico.

4. **Altares** (cc. 1235-1239):

a) **Cuál debe ser su estructura** (c. 1236)

1. Según la práctica tradicional de la Iglesia, la mesa del altar fijo ha de ser de piedra, y además de un solo bloque de piedra natural; sin embargo, a juicio de la Conferencia Episcopal, puede emplearse otra materia digna y sólida; las columnas o la base pueden ser de cualquier material.

2. El altar móvil puede ser de cualquier materia sólida que esté en consonancia con el uso litúrgico.

b) **Usos prohibidos** (c. 1239)

1. El altar, tanto fijo como móvil, se ha de reservar solamente al culto divino, excluido absolutamente cualquier uso profano.

2. Ningún cadáver puede estar enterrado bajo el altar; en caso contrario, no es lícito celebrar en él la Misa.

Cuando la iglesia o el oratorio necesitan emplearse para un uso no litúrgico, procúrese estructurarles de tal manera que queden totalmente separados el altar y el tabernáculo del resto. E, incluso en este caso, sólo pueden emplearse para actos que no desdigan del decoro debido al lugar sagrado. No desdice una conferencia, un acto cultural, un drama sacro, un concierto, etc. Sí, por el contrario, otros actos o celebraciones enteramente profanas.

5. Cementerios (cc. 1240-1243):

— Pueden tenerse propios (c. 1241, 1)

Las parroquias y los institutos religiosos pueden tener cementerio propio.

Se entiende, no un panteón en el cementerio común, sino cementerio propio anejo a la iglesia o casa religiosa. Con permiso de la Superiora pueden también en él recibir sepultura otros laicos, por ejemplo familiares o bienhechores, ajenos a la comunidad.

B) Tiempos sagrados (cc. 1244-1253):

1. Puede dispensar de ellos a los religiosos el Obispo y el párroco (c. 1245)

Quedando a salvo el derecho de los Obispos diocesanos contenido en el can. 87, con causa justa y según las prescripciones del Obispo diocesano, el párroco puede conceder, en casos particulares, dispensa de la obligación de guardar un día de fiesta o de penitencia, o conmutarla por otras obras piadosas; y lo mismo puede hacer el Superior de un instituto religioso o de una sociedad de vida apostólica, si son clericales de derecho pontificio, respecto a sus propios súbditos y a otros que viven día y noche en la casa.

La Superiora religiosa no tiene en esto ninguna potestad. Sólo podría, para tranquilizar la conciencia de alguna religiosa, por otro motivo impedida, declararle estar ya dispensada de estos preceptos.

2. En el caso de imposibilidad de asistir a Misa (c. 1248)

1. Cumple el precepto de participar en la Misa quien asiste a ella, dondequiera que se celebre en un rito católico, tanto el día de la fiesta como el día anterior por la tarde.

2. Cuando falta el ministro sagrado u otra causa grave hace imposible la participación en la celebración eucarística, se recomienda vivamente que los fieles participen en la liturgia de la palabra, si ésta se celebra en la iglesia parroquial o en otro lugar sagrado conforme a lo prescrito por el Obispo diocesano, o permanezcan en oración durante el tiempo debido personalmente, en familia, o, si es oportuno, en grupos familiares.

3. Días penitenciales (c. 1250)

En la Iglesia universal, son días y tiempos penitenciales todos los viernes del año y el tiempo de cuaresma.

4. Días de ayuno y abstinencia (c. 1251)

Todos los viernes, a no ser que coincidan con una solemnidad, debe guardarse la abstinencia de carne o de otro alimento que haya determinado la Conferencia Episcopal; ayuno y abstinencia se guardarán el Miércoles de Ceniza y el Viernes Santo.

Además de estos días, las constituciones pueden establecer otros, que serán obligatorios en la medida que lo sean las propias constituciones.

LIBRO V - DE LOS BIENES TEMPORALES DE LA IGLESIA

A) **Adquisición de bienes** (cc. 1259-1272):

1. **Capacidad jurídica respecto a bienes temporales** (c. 1255)

La Iglesia universal y la Sede Apostólica, y también las Iglesias particulares y cualquier otra persona jurídica, tanto pública como privada, son sujetos capaces de adquirir, retener, administrar y enajenar bienes temporales, según la norma jurídica.

Los institutos religiosos, sus provincias y casas, en cuanto que son personas jurídicas, tienen capacidad legal para cualquier operación relacionada con bienes temporales: adquirir, poseer, administrar, enajenar, etc. Asimismo, las obras que están a su cargo y las asociaciones que ellos dirigen poseen la misma capacidad, si se les ha otorgado dicha capacidad, ya sea por el mismo derecho ya por decreto particular. Normalmente, las primeras suelen tenerla por derecho; éstas sólo en el caso que el Ordinario, al erigirlas, se la haya otorgado.

En cuanto a la capacidad civil para estos mismos actos, habrán de atenerse a la correspondiente legislación y a la modalidad que, dentro de ella, haya adoptado cada entidad religiosa. Véase el capítulo anejo, III, pág. 172, en lo que afecta a bienes patrimoniales y exenciones fiscales en la legislación civil española.

2. **Quién es el sujeto de dominio** (c. 1256)

El dominio de los bienes corresponde, bajo la autori-

dad suprema del Romano Pontífice, a la persona jurídica que los haya adquirido legítimamente.

3. Cuáles se entienden bienes eclesiásticos y cómo se rigen (c. 1257)

1. Todos los bienes temporales que pertenecen a la Iglesia universal, a la Sede Apostólica o a otras personas jurídicas públicas en la Iglesia, son bienes eclesiásticos, y se rigen por los cánones que siguen, así como por los propios estatutos.

2. Los bienes temporales de una persona jurídica privada se rigen por sus estatutos propios, y no por estos cánones, si no se indica expresamente otra cosa.

Sólo se consideran bienes eclesiásticos aquellos que pertenecen a personas jurídicas públicas, no a las privadas. En cuanto al concepto de persona jurídica pública, véase el canon 116, 1, comentado en otro lugar (cf. pág. 21).

Sólo los bienes eclesiásticos son los que están sometidos a las prescripciones de este Libro V del Código, no los de las personas privadas, que se rigen por sus estatutos propios (c. 1257, 2).

Dos condiciones determinan la cualidad de administrador de bienes eclesiásticos: que actúa en nombre de la Iglesia y que lo hace según la norma del Derecho (c. 1282). El fin y el modo de la administración tanto ordinaria como extraordinaria vendrán establecidos en los estatutos propios de la entidad jurídica (c. 1281, 1 y 2).

4. Aportación económica a la diócesis:

a) Obligación del impuesto diocesano, si están sometidos a la autoridad del Obispo (c. 1263)

Para subvenir a las necesidades de la diócesis, el Obispo diocesano tiene derecho a imponer un tributo moderado a las personas jurídicas públicas sujetas a su jurisdicción, que sea proporcionado a sus ingresos, oído el consejo de asuntos económicos y el consejo presbiteral; respecto a las demás personas físicas y jurídicas sólo se le permite imponer una contribución extraordinaria y moderada, en caso de grave necesidad y en las mismas condiciones, quedando a salvo las leyes y costumbres particulares que le reconozcan más amplios derechos.

Sólo están sometidas a este impuesto las personas jurídicas públicas que dependen de la autoridad del Obispo. Por supuesto, aparte de las que se han enumerado antes, los institutos religiosos de derecho diocesano.

Las otras personas privadas sólo estarán obligadas al impuesto que, de modo extraordinario y por grave necesidad, el Obispo estimase necesario imponer. Se trataría entonces de un impuesto moderado y temporal.

b) **Las colectas diocesanas** (c. 1266)

En todas las iglesias y oratorios que de hecho estén habitualmente abiertos a los fieles, aunque pertenezcan a institutos religiosos, el Ordinario del lugar puede mandar que se haga una colecta especial en favor de determinadas obras parroquiales, diocesanas, nacionales o universales, y que debe enviarse diligentemente a la curia diocesana.

Estas colectas son obligatorias en las iglesias y oratorios de todos los institutos religiosos. Permanecen, sin embargo, en vigor los privilegios que sobre el particular tenga algún instituto, que le haya sido legítimamente otorgado por la Sede Apostólica, supuesto que en el canon que comentamos no se reprueba expresamente dicho privilegio (cf. c. 4).

c) **En especial, la colecta para el Seminario** (c. 264)

1. Para proveer a las necesidades del seminario, además de la colecta de la que se trata en el can. 1266, el Obispo puede imponer un tributo en su diócesis.

2. Están sujetas al tributo en favor del seminario todas las personas jurídicas eclesiásticas, también las privadas, que tengan sede en la diócesis, a no ser que se sustenten sólo de limosnas o haya en ellas realmente un colegio de alumnos o de profesores que mire a promover el bien común de la Iglesia; ese tributo debe ser general, proporcionado a los ingresos de quienes deben pagarlo y determinado según las necesidades del seminario.

El Código habla aquí de un tributo o impuesto. Normalmente y por lo que se refiere a las comunidades de religiosas, se reduce a la colecta que, anualmente, se realiza con este fin.

Respecto a esta aportación económica, no existe ningún privilegio en contra, y a ella están obligadas también las personas jurídicas privadas. Sólo se exceptúan las comunidades que viven de limosnas y las llamadas casas de formación o seminarios.

El Código no habla expresamente de la obligatoriedad de la colecta para las misiones, vulgarmente llamada del DOMUND. Se establece en el canon 791, 3.° y 4.°. De lo que allí se dice se deduce indirectamente la obligación de realizarla también las religiosas. Ordinariamente se hace así.

5. **Permiso para mendicar o cuestar** (c. 1265)

1. Sin perjuicio del derecho de los religiosos mendicantes, está prohibido a toda persona privada, tanto física como jurídica, hacer cuestaciones para cualquier institución o finalidad piadosa o eclesiástica, sin licencia escrita del Ordinario propio y del Ordinario del lugar.

2. Sobre la cuestación de limosnas, la Conferencia Episcopal puede dictar normas, que han de observar todos, incluso aquellos que, por institución, se llaman y son mendicantes.

Se refiere a colectas u otro género de mendicación o cuestaciones con fines eclesiásticos o piadosos, aunque sean propios del instituto o comunidad. Se exceptúan las costumbres legítimas. Recuérdese que el Ordinario de la religiosas es el Ordinario del lugar donde se encuentran la casa religiosa, salvo que por derecho constitucional dependan del Ordinario religioso, en cuyo caso la licencia requerida es la de los dos Ordinarios.

6. **Donaciones hechas a los Superiores o con fines determinados** (c. 1267)

1. Si no consta lo contrario, se presumen hechas a la persona jurídica las oblaciones entregadas a los Superiores o administradores de cualquier persona jurídica eclesiástica, aunque sea privada.

2. No pueden rechazarse sin causa justa las ofrendas de que trata el § 1 ni las cosas de mayor importancia, sin licencia del Ordinario, cuando se trata de una persona jurídica pública; se requiere la misma licencia para aceptar las que estén gravadas por una carga modal o una condición, quedando firme lo prescrito en el can. 1295.

3. Las oblaciones hechas por los fieles para un fin determinado sólo pueden destinarse a ese fin.

El problema no se plantea tanto en las comunidades religiosas en las que, por el voto de pobreza, todos los ingresos de cualquier proveniencia concurren en una caja común. La dificultad puede surgir cuando el donativo implica compromisos por parte de la comunidad. En este caso y si son de importancia se requiere el permiso del Ordinario y de la Superiora competente.

No le es permitido a una comunidad sustraer injustificadamente parte de las colectas que se realizan con un fin determinado.

El canon 1295 se refiere a los trámites que deben seguirse en los actos administrativos de los cuales el patrimonio de la entidad jurídica pueda resultar perjudicado. Véanse, además, los cánones 1291-1294.

B) Administración de los bienes eclesiásticos

— Todo lo relacionado con ella puede verse en los cc. 1273-1289

De estos cánones que citamos recordamos solamente el 1276, 1, en el que se establece el derecho de vigilancia que corresponde al Ordinario sobre la administración de todos los bienes de la persona jurídica pública, que está bajo su autoridad. Esta vigilancia suele estar regulada por derecho positivo o consuetudinario, y se ejerce de una manera periódica u ocasional, por ejemplo, con motivo de la visita canónica. El canon, en fin, prevé el caso en que, además de la vigilancia, exista una razón jurídica para otro género más amplio de intervención.

Asimismo cabe destacar la prescripción del Código según la cual toda persona jurídica debe tener su consejo de economía o, al menos, nombrar dos consejeros para esos asuntos (c. 1280). La constitución y competencia de este consejo deberá establecerse en el derecho propio de cada instituto (c. 1281, 1 y 2).

C) Contratos y enajenaciones

— Se trata de ellos en los cc. 1290-1298.

— Véase además el c. 1377, donse se establece la pena que se ha de imponer a quienes enajenan bienes eclesiásticos sin la debida autorización.

LIBRO VI - DE LAS SANCIONES EN LA IGLESIA

1. **Norma general** (c. 1399)

Aparte de los casos establecidos en esta u otras leyes, la infracción externa de una ley divina o canónica sólo puede ser castigada con una pena ciertamente justa cuando así lo requiere la especial gravedad de la infracción y urge la necesidad de prevenir o de reparar escándalos.

Es el último canon del libro *De Sanciones.* Aunque en él se habla de la violación de la ley divina o canónica, en el caso de tener que aplicar sanciones dentro de los ámbitos de un instituto religioso, deben regir análogos criterios para sancionar conductas o violaciones de cualesquiera estatutos: gravedad proporcionada y necesidad de prevenir o reparar el escándalo.

2. Potestad de los Superiores de imponer correctivos y sanciones

Las Superioras mayores y locales deben estar dotadas de un gran espíritu fraterno a la hora de imponer correctivos a las «hermanas que pecaren», según expresión de San Francisco. Este es el espíritu de paternal firmeza y misericordia que impregna todo este apartado del Código.

No pueden, pues, imponer penas en el sentido canónico de la palabra, puesto que carecen de potestad de régimen que capacita para ello. Sólo pueden, dentro del ámbito de las constituciones generales y con la potestad que ellas les otorguen, imponer sanciones proporcionadas, si es que ya no estuvieren prefijadas en la propia legislación. Entre ellas podrían incluirse los remedios penales y las penitencias, que pueden verse más adelante en los cánones 1339 y 1340, así como alguna de las penas expiatorias que se establecen en el c. 1336, 1.

La pena de traslado obligatorio de residencia, de la que se habla en el c. 1337, 1, sólo se podrá imponer cuando así lo establezcan las constituciones.

3. Potestad del Obispo de imponer penas a los religiosos (c. 1320)

En todo lo que los religiosos dependen del Ordinario del lugar, puede éste castigarles con penas.

Las religiosas dependen, por derecho, del Obispo en todo lo que se refiere a publicaciones, enseñanza de la religión (si son de derecho diocesano, también las escuelas), capillas y oratorios, etc.

En los casos sobre los cuales esté establecida sólo la vigilancia, no la dependencia, del Obispo, éste avisará a la Superiora correspondiente cuando estimare que ha lugar imponer una sanción. Las religiosas, en fin, cuyo Superior jerárquico, incluso para la disciplina interna, es el Obispo (por ejemplo, los institutos de derecho diocesano) pueden en todo caso ser sancionadas por éste.

4. Sujeto de las penas:

a) Quiénes deben ser castigados (c. 1321, 1 y 3)

1. Nadie debe ser castigado, a no ser que la violación externa de una ley o precepto que ha cometido le sea gravemente imputable por dolo o culpa.

3. Cometida la infracción externa, se presume la imputabilidad, a no ser que conste lo contrario.

Es un principio general que ha de tenerse en cuenta para aplicar cualquier género de sanción, sobre todo si es grave.

b) Condiciones para incurrir en una pena. Causas excusantes y agravantes. Complicidad, etc.

(Véanse los cc. 1322-1330)

Aunque los cánones citados se refieren a las penas canónicas propiamente dichas, estas normas deberán presidir, proporcionadamente, el proceder de las Superioras en semejantes casos.

5. Pena expiatoria de traslado obligatorio de residencia (c. 1337, 1)

La prohibición de residir en un determinado lugar o territorio se puede imponer tanto a los clérigos como a los religiosos; el mandato de residir, a los clérigos seculares, y, dentro de los límites de sus constituciones, a los religiosos.

6. Remedios penales y penitencias (cc. 1339-1340)

1339 *1. Puede el Ordinario, personalmente o por medio de otro, amonestar a aquel que se encuentra en ocasión próxima de delinquir o sobre el cual, después de realizada una investigación, recae grave sospecha de que ha cometido un delito.*

2. Puede también reprender, de manera proporcionada a las circunstancias de la persona y del hecho, a aquel que provoca con su conducta escándalo o grave perturbación del orden.

3. Debe quedar siempre constancia de la amonestación y de la reprensión, al menos por algún documento que se conserve en el archivo secreto de la curia.

1340 *1. La penitencia, que puede imponerse en el fuero externo, consiste en tener que hacer una obra de religión, de piedad o de caridad.*

2. Nunca se imponga una penitencia pública por una transgresión oculta.

3. Según su prudencia, el Ordinario puede añadir penitencias al remedio penal de la amonestación o de la reprensión.

Estos remedios y penitencias, en el sentido propio del derecho, sólo puede imponerlos el Ordinario. Tratándose de religiosas, normalmente esta materia suele estar establecida en la legislación propia de cada instituto. Sólo en el caso que no lo estuviere, se podrían aplicar subsidiariamente los remedios y penitencias aquí establecidos.

7. De algunas penas en especial:

a) **Ofensa física a un religioso** (c. 1370, 3)

Quien usa de violencia física contra otro clérigo o religioso, en desprecio de la fe, de la Iglesia, de la potestad eclesiástica o del ministerio, debe ser castigado con una pena justa.

No se refiere este canon a una simple ofensa que puede inferirse en una discusión o reyerta, ni siquiera motivada por una aversión personal hacia la religiosa, sino que sea motivada precisamente por su condición eclesial, es decir —como afirma el Código—: por desprecio a la fe, a la Iglesia, a la autoridad eclesiástica o al ministerio que ella representa.

Por supuesto, como se trata de castigar esta ofensa con una pena, se requiere, como se ha dicho antes (c. 1321, 1), que la ofensa sea grave o escandalosa, y la pena deberá ser impuesta por el que tenga autoridad sobre el ofensor a tenor del Derecho.

b) **Desobediencia al Superior legítimo** (c. 1371, 2)

Debe ser castigado con una pena justa:

2.º quien, de otro modo, desobedece a la Sede Apostólica, al Ordinario o al Superior cuando mandan o prohiben algo legítimamente, y persiste en su desobediencia después de haber sido amonestado.

c) **Ejercicio del comercio o la negociación** (c. 1392)

Los clérigos o religiosos que ejercen el comercio o la negociación contra las prescripciones de los cánones deben ser castigados de acuerdo con la gravedd del delito.

Siguiendo la interpretación tradicional, el comercio y los negocios que el Código prohibe son, en primer lugar, los exclusivamente lucrativos e industriales, así como los llamados «cambiarios», en virtud de los cuales se compran y venden acciones u obligaciones (títulos de crédito) y se vive de las ganancias que este juego bursátil proporciona. No se prohibe, en cambio, la negociación doméstica para satisfacer las necesidades del monasterio, incluso mediante el trabajo transformativo; como tampoco colocar en cuentas o títulos bancários el dinero de la comunidad, la cual se beneficiará de los réditos que ellos produzcan. El tema, en fin, no planteará mayores problemas cuando el espíritu y la letra de la pobreza evangélica sean para la comunidad un patrimonio inalienable.

La pena puede ser impuesta por el Obispo, con permiso de la Santa Sede si se trata de un instituto de derecho pontificio, a no ser que urja reparar el escándalo; y, siempre, avisando a la Superiora correspondiente.

d) **Atentado de matrimonio civil** (c. 1394, 2)

El religioso de votos perpetuos, no clérigo, que atenta contraer matrimonio aunque sólo sea el civil, incurre en entredicho latae sententiae, *además de lo establecido en el can. 694.*

Se entiende de una religiosa que no ha obtenido la dispensa de los votos y contrae matrimonio civil. Además del entredicho, en el que incurre automáticamente, queda en el acto expulsada del Instituto (c. 694, 1-2).

(En cuanto a las consecuencias penales del entredicho véase el c. 1332).

Si la religiosa está ligada sólo por votos temporales, el contrato matrimonial será gravemente ilícito pero no inválido, incluso si, con fraude, lo realiza ante la Iglesia.

e) **Abandono grave de la residencia** (c. 1396)

Quien incumple gravemente la obligación de residir a la que está sujeto en razón de un oficio eclesiástico, debe ser castigado con una pena justa, sin excluir, después de la amonestación, la privación del oficio.

Entendiendo por oficio eclesiástico, como afirma el Concilio, «un cargo estable para unos fines espirituales», puede este canon aplicarse a la Superiora que, en contra de lo que se establece en el canon 629, viola gravemente la obligación que tiene de residir en su propia casa.

LIBRO VII - DE LOS PROCESOS

En las constituciones generales de cada instituto religioso se establece el modo de proceder en el caso de pleitos entre religiosos o entre las diversas personas jurídicas del mismo (casas, provincias). Por ello, el Código sólo prevé el caso en que la Superiora general debe ser juzgada. Asimismo, en el c. 1427, 1, cuál debe ser, en todo caso, el tribunal de primera instancia.

1. El supremo Moderador de un instituto religioso es juzgado por el tribunal de la Rota Romana
(c. 1405, 3-2)

Está reservado a la Rota Romana juzgar:
2.º al Abad primado, al Abad superior de una Congregación monástica y al Superior General de los Institutos religiosos de derecho pontificio;

2. Tribunal de primera instancia para los pleitos entre religiosos de institutos laicales (c. 1427, 3)

El tribunal diocesano juzga en primera instancia las controversias entre personas religiosas físicas o jurídicas de diversos Institutos religiosos, o también del mismo Instituto clerical o laical de derecho diocesano, o entre una persona religiosa y un clérigo secular o un laico o una persona jurídica no religiosa.

3. Oficios judiciales que pueden desempeñar los religiosos

A no ser que lo prohiban las constituciones generales y siempre que reúnan las condiciones exigidas por el Código para cada uno de los casos, las religiosas podrán desempeñar, no menos que los laicos, si fueren requeridas para ello, los siguientes oficios judiciales:

— Juez diocesano colegial (c. 1421, 2).
— Asesor del juez (c. 1424).
— Auditor en el juicio (c. 1428, 2)
— Promotor de justicia (fiscal) y Defensor del vínculo; este último oficio para las causas matrimoniales (c. 1435)
— Procurador y abogado (c. 1483)
— Testigo en juicio (c. 1549)

En cuanto a abogado y procurador, en la anterior legislación eclesiástica, los religiosos sólo podían ejercer estos oficios en las causas en que estuviesen en juego los intereses del propio instituto o comunidad. Sin embargo, en el actual Código se permite a los laicos, y por lo tanto también a las religiosas, desempeñarlos en cualesquiera causas judiciales, siempre que no se les prohiba expresamente en el derecho propio. Se trata, como puede verse, de una desclericalización en una parte notable de todo lo concerniente a los procesos judiciales eclesiásticos.

CAPITULO ANEJO

I. DE LAS SOCIEDADES DE VIDA APOSTOLICA

A) Naturaleza. Gobierno

1. Características (c. 731)

1. A los institutos de vida consagrada se asemejan las sociedades de vida apostólica, cuyos miembros, sin votos religiosos, buscan el fin apostólico propio de la sociedad y, llevando vida fraterna en común, según el propio modo de vida, aspiran a la perfección de la caridad por la observancia de las constituciones.

2. Entre éstas existen sociedades cuyos miembros abrazan los consejos evangélicos mediante un vínculo determinado por las constituciones.

a) Son *pleno iure* institutos de vida consagrada, pues sus miembros se comprometen ante Dios a aspirar a la perfección por la caridad.

b) Tienen una finalidad eminentemente apostólica, sin excluir otros campos propios de la vida consagrada.

c) Profesan los consejos evangélicos mediante vínculos, cuya naturaleza se establece en las constituciones propias. Hay Sociedades cuyos vínculos consisten en votos privados. (Cf. c. 1192, 1).

d) Sus miembros se obligan a la vida fraterna en común, si bien según el propio modo de vida.

2. Ambito legislativo (c. 732)

Se aplica a las sociedades de vida apostólica lo esta-

blecido en los cánones 578-597 y 606, quedando a salvo sin embargo la naturaleza de cada sociedad; pero a las sociedades mencionadas en el canon 731, § 2, se aplican también los cánones 598-602.

A las Sociedades de vida apostólica se les aplica:

a) Todo lo referente a los fieles cristianos (cc. 204-233; véase págs. 25 ss.).

b) Todo lo que el Código establece sobre los fieles laicos (cc. 224-231, págs. 32 ss.).

c) Las normas comunes a todos los institutos de vida consagrada, exceptuadas aquéllas que se refieren expresamente a los institutos religiosos (cc. 573-606, págs. 41 ss).

d) Concretamente se les aplican los cc. 578-597 y 606; y, si se trata de Sociedades, cuyos miembros abrazan los consejos evangélicos mediante un vínculo determinado por las constituciones, también los cánones 598-602, cuyas explicaciones, junto con las de los cánones citados en el párrafo anterior, pueden hallarse en sus lugares correspondientes de este libro.

3. **Personalidad jurídica** (c. 741)

1. Las sociedades y, si las constituciones no determinan otra cosa, sus cincunscripciones y casas, son personas jurídicas y, en cuanto tales, tienen capacidad de adquirir, poseer, administrar y enajenar bienes temporales, de acuerdo con las prescripciones del Libro V, De los bienes temporales de la Iglesia, *de los cc. 636, 638 y 639, y también del derecho propio.*

2. De acuerdo con la norma del derecho propio, los miembros también son capaces de adquirir, poseer, administrar y disponer de bienes temporales, pero pertenece a la sociedad todo lo que ellos adquieran por razón de ésta.

El Código sanciona la personalidad jurídica de las Sociedades, de sus circunscripciones y de sus casas, que habrá de regirse por el derecho común y el propio de cada Sociedad. (Véanse las págs. 20-22 y 148 ss.).

Lo excepcional respecto a los institutos religiosos es lo que se establece en el párrafo 2: que no sólo las personas jurídicas sino también las físicas, es decir, los miembros de las Sociedades tienen capacidad para cualquier acto administrativo, dentro del marco de las constituciones. Sólo aquello que adquieran por razón de la Sociedad pertenece a ésta.

4. **Erección de casas y de comunidades** (c. 733)

1. La autoridad competente de la sociedad erige la casa y constituye la comunidad local con el consentimiento previo, dado por escrito, del Obispo diocesano, a quien también debe consultarse para su supresión.

2. El consentimiento para erigir una casa lleva anejo el derecho a tener por lo menos oratorio, en el que se celebre y reserve la santísima Eucaristía.

a) Tanto la casa como la comunidad las erige la autoridad competente de la Sociedad, a tenor de sus constituciones, previo el *consentimieno,* dado por escrito, del Obispo diocesano.

b) Para la supresión de una casa es competente la misma autoridad, la cual no debe proceder sin *consultar* previamente al Obispo.

c) El consentimiento para la erección lleva consigo el permiso para tener oratorio (no iglesia) con las mismas atribuciones que los de los institutos religiosos. Para tener iglesia, necesitan un consentimiento especial del Obispo diocesano dado por escrito (cc. 1215, 1 y 1223-1229, págs. 143-145).

d) Se aplica a las Sociedades cuanto se ha dicho sobre capillas privadas a propósito de los institutos religiosos (págs. 144-145).

5. **Gobierno de las Sociedades** (c. 734)

El gobierno de la sociedad se determina en las constituciones, y se observarán los cc. 617-633, respetando la naturaleza de cada sociedad.

a) Las diversas jerarquías de gobierno las establece las constituciones propias, tanto a nivel general, como provincial y local.

b) Se les aplica, adaptado a su naturaleza propia, todo cuanto el Código establece para los institutos religiosos, en los cánones 617-633, sobre superioras, capítulos y consejos (págs. 58 ss.).

6. **Autoridades** (c. 738, 1 y 2)

1. Todos los miembros se hallan sometidos a sus propios Moderadores, conforme a la norma de las constituciones, en lo que se refiere a la vida interna y a la disciplina de la sociedad.

2. Se hallan sometidos también al Obispo diocesano en lo que concierne al culto público, la cura de almas y otras obras de apostolado, teniendo en cuenta los cc. 679-683.

Son autoridades dentro de una Sociedad de vida apostólica:

a) Las propias Moderadoras, conforme a la norma de las constituciones.

b) El Obispo diocesano en todo aquello que se refiere:

— al culto público y a las obras de apostolado;

— a la prohibición de residencia en la diócesis de algún miembro si existiese causa gravísima (c. 679);

— a la coordinación con las restantes obras y actividades apostólicas de la diócesis (c. 680);

— a las actividades especiales que, tal vez, el Obispo les encomendara (c. 681);

— a la visita canónica, según lo establecido en el canon 683.

B) De los miembros de las Sociedades

1. De la admisión y del periodo de prueba (c. 735)

1. La admisión de los miembros, su prueba, incorporación y formación se determinan por el derecho propio de cada sociedad.

2. Por lo que se refiere a la admisión en una sociedad, deben observarse las condiciones establecidas en los cc. 642-645.

3. El derecho propio debe determinar el modo de la prueba y de la formación acomodado al fin y carácter de la sociedad, sobre todo doctrinal, espiritual y apostólica, de manera que los miembros, conforme a su vocación divina, se preparen adecuadamente para la misión y vida de la sociedad.

a) El derecho propio de cada Sociedad establece:

— los requisitos propios para la admisión, debiéndose guardar las garantías y condiciones que el Código determina para los institutos religiosos en los cánones 642-645 (págs. 72-74);

— la naturaleza y duración de la prueba;

— cómo se realiza la incorporación a la Sociedad;

— los contenidos de la formación que se ha de dar a las aspirantes.

b) Asimismo, el derecho propio debe garantizar que la formación de las aspirantes responde al fin y carácter de la Sociedad, a fin de que las que abrazan este género concreto de vida respondan adecuadamente a la línea doctrinal, al estilo y orientación espirituales y a la finalidad apostólica específica, propios de la vida y misión de la Sociedad.

2. **Derechos y obligaciones** (cc. 737 y 740)

737 *Por parte de los miembros, la incorporación lleva consigo las obligaciones y derechos determinados por las constituciones; y, por parte de la sociedad, la solicitud de guiar a sus miembros hacia el fin de su vocación propia, de acuerdo con las constituciones.*

740 *Los miembros deben habitar en la casa o en la comunidad legítimamente constituida, y llevar vida común, de acuerdo con el derecho propio por el cual se rigen también las ausencias de la casa o de la comunidad.*

a) Unos y otras se contraen por el hecho de la incorporación válidamente realizada a la Sociedad, y vienen especificados en las constituciones propias de cada Sociedad.

b) Siempre que no se oponga o contradigan a la naturaleza de la Sociedad, los miembros de ésta gozan de los mismos derechos y están sujetas a las mismas obligaciones —de carácter general— que los miembros de los otros institutos de vida consagrada (cc. 662-672, págs. 84 ss.).

c) Por su parte, la Sociedad debe procurar a sus miembros, mediante leyes convenientes y la solicitud vigilante de las autoridades de la misma, todos los medios que les faciliten alcanzar el fin de la propia vocación.

d) En cuanto a la obligación de residencia, en los casos de violación de esta obligación, debe aplicarse proporcionalmente lo que, para estos casos, se establece —aparte del derecho propio— en el derecho común (Cf. c. 1396, pág. 157).

C) Salida de la Sociedad

1. **Salida y expulsión** (cc. 742 y 746)

742 *La salida y expulsión de un miembro aún no incorporado definitivamente se rigen por las constituciones de cada sociedad.*

746 *Para la expulsión de un miembro incorporado definitivamente, han de observarse, salvando las diferencias, los cc. 694-704.*

Las constituciones establecen el procedimiento a seguir tanto en la salida como en la expulsión de un miembro no definitivamente incorporado a la Sociedad, ya que para éstas han de aplicarse, salvando las diferencias, los cánones 694-704, referentes a los miembros de institutos religiosos. (Cf. págs. 99 ss).

2. **Indulto para abandonar la Sociedad** (c. 743)

Sin perjuicio de lo que prescribe el c. 693, el indulto para abandonar la sociedad, con la cesación de los derechos y obligaciones provenientes de la incorporación, puede ser concedido a un miembro incorporado definitivamente por el Moderador supremo con el consentimiento de su consejo, a no ser que según las constituciones se reserve a la Santa Sede.

3. **Tránsito de una Sociedad a otra o a un instituto de vida consagrada** (c. 744)

1. Se reserva igualmente al Moderador supremo, con el consentimiento de su consejo, conceder licencia para que un miembro incorporado definitivamente pase a otra sociedad de vida apostólica, quedando entretanto en suspenso los derechos y obligaciones en la propia sociedad, pero sin perjuicio del derecho a volver a ésta antes de la incorporación definitiva en la nueva sociedad.

2. Para el tránsito de un instituto de vida consagrada a una sociedad de vida apostólica, o viceversa, se requiere licencia de la Santa Sede, a cuyos mandatos habrá que sujetarse.

Véanse los cc. 684-685, págs. 94-95.

4. **Exclustración** (c. 745)

El Moderador supremo, con el consentimiento de su consejo, puede conceder indulto, a un miembro incorporado definitivamente, para vivir fuera de la sociedad, pero no por más de tres años, quedando en suspenso los derechos y obligaciones no compatibles con su nueva condición; pero sigue, sin embargo, bajo el cuidado de los Moderadores. Si se trata de un clérigo, se requiere además consentimiento del Ordinario del lugar donde debe residir, bajo cuyo cuidado y dependencia permanece también.

Véanse los cc. 686-687, págs. 95-96.

II. ADAPTACION DEL DERECHO PROPIO AL NUEVO CODIGO

Uno de los rasgos característicos del nuevo Código de Derecho Canónico es el respeto a la propia identidad de cada instituto religioso: carisma, fin y obras de cada uno conforme a las intenciones del Fundador y a lo aprobado para ellos por la Sede Apostólica. Esta es la causa de que, a veces, sobre todo en lo referente a los institutos de vida consagrada, el Código aparezca un tanto genérico y haga tanto hincapié en el derecho particular de cada uno. La renovación que, desde el Concilio, está pidiendo la Iglesia a los religiosos consiste en volver al Fundador, a las fuentes y a la naturaleza propia de cada instituto. (Véase el *Perfectae caritatis,* 2, b; casi toda la segunda parte del Motu proprio *Ecclesiae sanctae;* las repetidas alusiones a lo mismo en la Instrucción *Renovationis causam;* y casi todos los discursos de los últimos Papas a los Capítulos generales de las Ordenes, Congregaciones e Institutos religiosos).

El Código otorga la máxima amplitud legislativa a los institutos pero, a su vez, mediante las normas que él establece, se reserva ser el garante de la fidelidad de los mismos a su propia identidad (c. 576).

Cuando el Código remite a las constituciones generales, téngase presente que se refiere a aquella parte de la legislación propia que, por su carácter institucional, sólo la Santa Sede puede aprobar y modificar. Cuando, por el contrario, habla de derecho propio quiere referirse a esas disposiciones de inferior rango más detalladas y pormenorizadas sobre las que suelen ser competentes los capítulos o consejos, como estatutos, ordenaciones, reglamentos, etc.

En este capítulo recogemos todas aquellas materias que, a tenor del Código, deben ser reestructuradas y normativizadas en las constituciones o estatutos de los respectivos institutos religiosos. Sólo referimos el contenido sumario de los cánones puesto que, en su integridad, pueden hallarse a lo largo de todo el libro.

Las materias aquí señaladas deberán tenerse en cuenta a la hora de revisar la legislación propia y adaptarla a la nueva legislación universal de la Iglesia.

1.—Normas para los escrutinios en elecciones y otros negocios que deban tratarse colegialmente y someterse a votación (c. 119).

2.—Desarrollar y normativizar el patrimonio espiritual del instituto (c. 578).

3.—Dividir en partes un instituto, erigir nuevas, unir las ya existentes o suprimir algunas (cc. 581 y 585).

4.—Contenido institucional y espiritual de las constituciones y demás estatutos (c. 587, 1, 2 y 4).

5.—Determinar la potestad de las superioras y de los capítulos (c. 596, 1).

6.—Cualidades para ingresar en el instituto (c. 597, 1).

7.—Concretar el alcance de los votos de acuerdo con la índole y los fines propios del instituto (c. 598, 1).

8.—Determinar la «forma de vida» del mismo (c. 592, 2).

9.—Todo cuanto atañe a los votos públicos, perpetuos o temporales (c. 607, 2).

10.—Normas para designar a la Superiora (c. 608).

11.—A quién compete erigir una casa religiosa (c. 609, 1).

12.—Supresión de una casa, legítimamente erigida, por la Superiora general, y disposición de sus bienes (c. 616, 1).

13.—Especificar el oficio y potestad de las Superioras (c. 617).

14.—Concretar asimismo la autoridad de la Superiora general (c. 622).

15.—Tiempo de profesión perpetua o definitiva requerido para ser elegida o designada Superiora (c. 623).

16.—Tiempo de duración en el cargo (c. 624, 1 y 2).

17.—Remoción y traslado de una Superiora (c. 624, 3).

18.—Elección de la Superiora general del instituto (c. 625, 1).

19.—Elección de las restantes Superioras (c. 625, 3).

20.—Normas sobre colación y elección de oficios (c. 626).

21.—Constitución (obligatoria) de los consejos (c. 627, 1).

22.—Normas sobre el «consentimiento» y «consejo» en las decisiones colegiales (c. 627, 2).

23.—Visita canónica de las Superioras (c. 628, 1).

24.—Ausencia de las Superioras de sus casas (c. 629).

25.—Designación de confesores (c. 630, 2).

26.—Cuanto concierne al capítulo general: autoridad, orden, elecciones, quiénes intervienen, etc. (c. 631).

27.—Contenido y demás particularidades de los restantes capítulos (c. 632).

28.—Función de los órganos de participación y de consulta (c. 633, 1).

29.—Restricciones a la capacidad jurídica de los institutos o de sus partes (c. 634, 1).

30.—Normas sobre el uso y administración de los bienes (c. 635, 2).

31.—Institución de la ecónoma o administradora (c. 636, 1).

32.—Tiempo y modo de rendir cuentas las administradoras (c. 636, 2).

33.—Actos que exceden el fin y el modo de la administración ordinaria (c. 638, 1).

34.—Designación de oficiales encargadas de los gastos y otros actos jurídicos (c. 638, 2).

35.—Autorización requerida para las diversas especies de enajenaciones (c. 638, 3).

36.—Derecho de las Superioras mayores de admitir candidatas al noviciado (c. 641).

37.—Establecer impedimentos para la validez o condiciones para la licitud del noviciado (c. 643, 2).

38.—Testimoniales adicionales para el ingreso en el noviciado (c. 645 3).

39.—Establecer para las novicias periodos de prácticas apostólicas fuera de la casa del noviciado (c. 648, 2).

40.—Estatutos de formación para el noviciado (c. 650, 1).

41.—Qué Superiora es competente para la expulsión de novicias (c. 653, 1).

42.—Criterios para prolongar el noviciado (c. 653, 2).

43.—Definir los derechos y obligaciones que, además de por derecho común, corresponden a la religiosa en virtud de la profesión (c. 654).

44.—Duración de la profesión temporal (c. 655).

45.—Prórroga de la misma (c. 657, 2).

46.—Condiciones propias del instituto para la validez de la profesión perpetua (c. 658).

47.—Contenido y duración de la formación después del noviciado (c. 659, 2).

48.—Cómo se concretiza el seguimiento de Cristo en el respectivo instituto (c. 662).

49.—Ordenación de la liturgia de las horas (c. 663, 3).

50.—Clausura según la índole y misión del instituto (c. 667, 1).

51.—Disposición de los propios bienes antes de la primera profesión (c. 668, 1).

52.—Cambio de voluntad de la religiosa profesa sobre los bienes propios (c. 668, 2).

53.—En cuanto a los bienes que una religiosa percibe como pensión, subvención o seguro (c. 668, 3).

54.—Modo de realizar la renuncia legal antes de la profesión perpetua (c. 668, 4).

55.—Adquisición de bienes después de la renuncia (c. 668, 5).

56.—Descripción del hábito religioso (c. 669, 1).

57.—Establecer todo lo necesario para que los miembros del instituto alcancen el fin de su vocación (c. 670).

58.—Determinar el tiempo y el modo de la probación del miembro que pasa a otro instituto (c. 684, 4).

59.—Licencia requerida para que se les predique en sus propias iglesias u oratorios (c. 765).

60.—Licencia para editar libros que traten de materias religiosas o de costumbres (c. 832).

61.—Alcance de la obligación de recitar las horas litúrgicas (c. 1174, 1).

62.—Normas por las que han de regirse los bienes temporales (c. 1257).

63.—Constitución del consejo o nombramiento de las consejeras de economía (c. 1280).

64.—Establecer el fin y el modo de la administración ordinaria y extraordinaria (c. 1281).

65.—Concretar la posible aplicación de la «pena expiatoria» de traslado o residencia obligatoria (c. 1337).

66.—Posibilidad de establecer, aparte del Código, el tribunal de primera instancia para las controversias o pleitos entre religiosas, casas o provincias de un instituto (c. 1427, 1 y 2).

III. ACUERDOS IGLESIA-ESTADO SOBRE ASUNTOS JURIDICOS Y ECONOMICOS

ACUERDO ENTRE EL ESTADO ESPAÑOL Y LA SANTA SEDE SOBRE ASUNTOS JURIDICOS

Artículo I. 2)...

La Iglesia puede, asimismo, erigir, aprobar y suprimir órdenes, congregaciones religiosas, otros institutos de vida consagrada y otras instituciones y entidades eclesiásticas.

4) El Estado reconoce la personalidad jurídica civil y la plena capacidad de obrar de las órdenes, congregaciones religiosas y otros institutos de vida consagrada y sus provincias y sus casas y de las asociaciones y otras entidaes y fundaciones religiosas que gocen de ella en la fecha de entrada en vigor del presente A.

La órdenes, congregaciones religiosas y otros institutos de vida consagrada y sus provincias y sus casas que, estando erigidas canónicamente en esta fecha, no gocen de personalidad jurídica civil y las que se erijan canónicamente en el futuro, adquirirán la personalidad jurídica civil mediante Registro del Estado, la cual se practicará en virtud de documento auténtico en el que conste de la erección, fines, datos de identificación, órganos representativos, régimen de funcionamiento y facultades de dichos órganos. A los efectos de determinar la extensión y límite de su capacidad de obrar y, por tanto, de disponer de sus bienes, se estará a lo que disponga la legislación canónica, que actuará en este caso como Derecho estatutario.

Las asociaciones y otras entidades y fundaciones religiosas que, estando erigidas canónicamente en la fecha de entrada en vigor del presente A., no gocen de personalidad jurídica civil y las que se erijan canónicamente en el futuro por la competente autoridad eclesiástica, podrán adquirir la personalidad jurídica civil, con sujeción a lo dispuesto en el ordenamiento del Estado, mediante la inscripción en el correspondiente Registro en virtud de documento auténtico en el que consten la erección, fines, datos de identificación, órganos representativos, régimen de funcionamiento y facultades de dichos órganos.

5) Los lugares de culto tienen garantizada su inviolabilidad con arreglo a las leyes. No podrán ser demolidos sin ser previamente privados de su carácter sagrado.

En caso de su expropiación forzosa será antes oída la autoridad eclesiástica competente.

6) El Estado respeta y protege la inviolabilidad de los archivos, registros y demás documentos pertenecientes a la Conferencia Episcopal Española, a las curias episcopales, a las curias de los superiores mayores de las órdenes y congre-

gaciones religiosas, a las parroquias y otras instituciones y entidades eclesiásticas.

Art. IV. 1) El Estado reconoce y garantiza el ejercicio del derecho a la asistencia religiosa de los ciudadanos internados en establecimientos penitenciarios, hospitales, sanatorios, orfanatos y centros similares, tanto privados como públicos.

2) El régimen de asistencia religiosa católica y la actividad pastoral de los sacerdotes y de las religiosas en los centros mencionados que sean de carácter público serán regulados de común acuerdo entre las competentes autoridades de la Iglesia y del Estado. En todo caso quedará salvaguardado el derecho a la libertad religiosa de las personas y el debido respeto a sus principios religiosos y éticos.

Art. V. 1) La Iglesia puede llevar a cabo por sí misma actividades de carácter benéfico o asistencial.

Las instituciones o entidades de carácter benéfico o asistencial de la Iglesia o dependientes de ella se regirán por sus normas estatutarias y gozarán de los mismos derechos y beneficios que los entes clasificados como de beneficencia privada.

2) La Iglesia y el Estado podrán, de común acuerdo, establecer las bases para una adecuada cooperación entre las actividades de beneficencia o de asistencia realizadas por sus respectivas instituciones.

Disposiciones transitorias

1. Las órdenes, congregaciones religiosas y otros institutos de vida consagrada, sus provincias y sus casas, y las asociaciones y otras entidades o fundaciones religiosas que tienen reconocida por el Estado la personalidad jurídica y la plena capacidad de obrar, deberán inscribirse en el correspondiente Registro del Estado en el más breve plazo posible. Transcurridos tres años desde la entrada en vigor en España del presente A., sólo podrá justificarse su personalidad jurídica mediante certificación de tal Registro, sin perjuicio de que pueda practicarse la inscripción en cualquier tiempo.

ACUERDO ENTRE EL ESTADO ESPAÑOL Y LA SANTA SEDE SOBRE ASUNTOS ECONOMICOS

Artículo I. La Iglesia Católica puede libremente recabar de sus fieles prestaciones, organizar colectas públicas y recibir limosnas y oblaciones.

Art. III. No estarán sujetas a los impuestos sobre la renta o sobre el gasto o consumo, según proceda:

a) Además de los conceptos mencionados en el artículo I de este A., la publicación de las instrucciones, ordenanzas, cartas pastorales, boletines diocesanos y cualquier otro documento de las autoridades eclesiásticas competentes, y tampoco su fijación en los sitios de costumbre.

b) La actividad de enseñanza en seminarios diocesanos y relgiosos, así como de las disciplinas eclesiásticas en universidades de la Iglesia.

c) La adquisicón de objetos destinados al culto.

Art. IV. 1. La Santa Sede, la Conferencia Episcopal, las diócesis, las parroquias y otras circunscripciones territoriales, las órdenes y congregaciones religiosas y los institutos de vida consagrada y sus provincias y sus casas tendrán derecho a las siguientes exenciones:

A) Exención total y permanente de la Contribución Territorial Urbana de los siguientes inmuebles:

1) Los templos y capillas destinados al culto y, asimismo, sus dependencias o edificios y locales anejos destinados a la actividad pastoral.

5) Los edificios destinados primordialmente a casas o conventos de las órdenes, congregaciones religiosas e institutos de vida consagrada.

B) Exención total y permanente de los impuestos reales o de producto sobre la renta y sobre el patrimonio.

Esta exención no alcanzará a los rendimientos que pudieran obtener por el ejercicio de explotaciones económicas, ni a los derivados de su patrimonio cuando su uso se halle cedido, ni a las ganancias de capital, ni tampoco a los rendimientos sometidos a retención en la fuente por impuestos sobre la renta.

C) Exención total de los impuestos sobre sucesiones y donaciones y transmisiones patrimoniales, siempre que los bienes o derechos adquiridos se destinen al culto, a la sustentación del clero, al sagrado apostolado y al ejercicio de la caridad.

D) Exención de las contribuciones especiales y de Tasas de Equivalencia, en tanto recaigan estos tributos sobre los bienes enumerados en la letra A) de este artículo.

2. Las cantidades donadas a los entes eclesiásticos enumerados en este artículo y destinados a los fines expresados en el apartado C) darán derecho a las mismas deducciones en el impuesto sobre la Renta de las Personas Físicas que las cantidades entregadas a entidades clasificadas o declaradas benéficas o de utilidad pública.

Art. V. Las asociaciones y entidades religiosas no comprendidas entre las enumeradas en el artículo 4 de este A. y que se dediquen a actividades religiosas, benéfico-docentes, médicas u hospitalarias o de asistencia social tendrán derecho a los beneficios fiscales que el ordenamiento jurídico-tributario del Estado español prevé para las entidades sin fin de lucro, y en todo caso los que se conceden a las entidades benéficas privadas.

INDICE

Pág.

Pág.